Krafttiere

Ihre spirituellen Begleiter
für Energie und Heilung

Maria Leondin

Kraft*tiere*

Ihre spirituellen Begleiter für Energie und Heilung

tosa

Inhalts*verzeichnis*

Krafttiere des europäischen Tierkreises

Weitere beliebte Krafttiere

Krafttiere – *Begleiter unserer Seele*

So gut wie jeder von uns, der Kinder in seinem Umfeld hat, weiß, dass es Phasen gibt, in denen sie von einem unsichtbaren Begleiter an ihrer Seite erzählen. Bei dem einen ist es ein starker, treuer Hund, beim anderen ein wunderhübsches kleines Pony, beim dritten ein schlauer, scheuer Fuchs. Vielleicht können Sie sich ja sogar selbst daran erinnern, wie Sie in Ihrer Kindheit von solch einem unsichtbaren Freund auf Schritt und Tritt begleitet wurden.

Handelt es sich nur um kindliche Fantasie oder erschließt sich dem unbefangenen Kind etwas viel Grundsätzlicheres? Blickt man in die unterschiedlichen Kulturen unserer Erde, so kommt man schnell zu dem Ergebnis, dass Letzteres der Fall sein könnte. In fast allen Kulturen gibt es diese unsichtbaren, hilfreichen und unterstützenden Begleiter der Seele. Im Schamanismus – der übrigens in der einen oder anderen Form auf allen Kontinenten der Erde irgendwann einmal eine Rolle spielte – sind es die Krafttiere.

Das Krafttier tritt mit der Geburt an die Seite des Menschen, um ihn zu beschützen und zu unterstützen. Die indigenen Völker der beiden amerikanischen Subkontinente sind beispielsweise überzeugt, dass ein Neugeborenes ohne Schutztier die ersten Monate seines Lebens nicht überleben würde. Dieses Schutztier bleibt ein Leben lang an der Seite seines Menschen, tritt allerdings manchmal zugunsten anderer Krafttiere in den Hintergrund, die sich nur in einer schwierigen Phase hinzugesellen.

» Krafttiere und Schutzengel

Übrigens kennt auch unser christliches Abendland ein ganz ähnliches Konzept. Im Christentum sind es die Schutzengel, die sich mit der Geburt an die Seite eines Menschen stellen und ihn sein Leben lang begleiten. In besonders schwierigen Zeiten, bei großer Gefahr oder in besonderen Augenblicken werden sie von anderen Engeln und Schutzheiligen dabei unterstützt.

Der Gedanke, dass Engel und Krafttiere einiges gemeinsam haben, mag zunächst merkwürdig anmuten. Denkt man darüber nach, ist das gemeinsame Konzept hinter beidem nicht zu übersehen. Es geht um eine unfassbare, nicht sichtbare Energie, die sich der Seele des Menschen offenbart. Intuitiv spürt der Mensch das auch immer wieder. Dem materiellen Zugriff bleiben diese Energien jedoch entzogen.

Doch ganz egal, ob Engel oder Krafttier, sie sind alle durch eine grundlegende Eigenschaft gekennzeichnet: Sie wirken ausschließlich positiv,

wollen nur das Beste für uns. Niemand muss sich vor seinem Krafttier fürchten, selbst wenn es sich um eine Schlange, einen Wolf oder ein anderes gefährliches Tier handelt. Manchmal kann es sogar vorkommen, dass einen das Krafttier während eines Traums, einer Meditation oder einer auf ähnliche Weise herbeigeführten Begegnung verschlingt. Auch das dient nur zu unserem Nutzen. In aller Regel handelt es sich um ein Reinigungsritual, mit dem sich unsere Seele einverstanden erklärt hat.

Doch warum sollen wir uns einem Krafttier zuwenden, einem energetischen Begleiter, der seinen gedanklichen Ursprung in den schamanischen Kulturen der Erde hat? Wäre es nicht viel angebrachter, bei den alteingesessenen Bildern unserer christlichen Kultur zu bleiben, den Engeln und Schutzheiligen? Nicht unbedingt. Die Welt der Engel ist für viele Menschen durch die Dogmen der christlichen Amtskirchen versperrt. Viele wollen sich ihren Regeln einfach nicht mehr

beugen, weil sie keinen Sinn für ihr eigenes Leben erkennen können. Und daher lehnen Sie auch die damit einhergehenden Konzepte und Bilder ab. Außerdem geht es in der christlichen Tradition um Demut, um das Bitten und die Hoffnung auf Erlösung, nicht um das Recht auf Unterstützung. Die Schutzengel sehen das vielleicht anders, dennoch ist es für viele Menschen schwer, sich Hilfe suchend an eine Instanz zu wenden, die mit Demut und Fürbitte einherzugehen scheint.

Beim schamanischen Krafttier liegt die Sache dagegen ganz anders. Es steht dem Menschen bedingungslos zur Seite, er muss nur klar äußern, was er will. Tut er das, hat er ein Recht darauf, von seinen hilfreichen Geistern, den Spirits und Krafttieren unterstützt zu werden. Hat er kein klares Bild von seinen Wünschen vor seinem inneren Auge, halten sich auch die Krafttiere zurück. Darüber hinaus haben die Krafttiere aber noch einen wesentlichen Vorteil gegenüber Engeln. Im Bild des Tieres liegt ein ganz besonderer Reiz; Tiere strahlen Kraft, natürliche Kompetenz und individuelle Wirkung aus. Tiere stehen für besondere Eigenschaften, für besondere Lebensumstände sowie Gewohnheiten und Fähigkeiten. Und da wir uns in unseren Städten, fern der Natur und ihrer selbstheilenden Kräfte, unwohl fühlen, verspricht das Krafttier auch in dieser Hinsicht Heilung.

Hat jeder Mensch *ein Krafttier?*

Grundsätzlich verfügt jeder Mensch ab seiner Geburt über ein Krafttier. Dabei ist es übrigens ganz egal, ob der Mensch an Krafttiere glaubt oder nicht. Die entscheidende Frage ist, ob er sie nutzt. Dazu gehört, dass er sich klar darüber ist, was er vom Leben will. Dann bekommt er die Unterstützung, auch wenn es ihm vielleicht nie bewusst wird, woher sie kommt.

Davon völlig verschieden ist die Frage, ob man sein Krafttier kennt, ob man ihm bewusst schon einmal begegnet ist und ob man diese Begegnungen auch gezielt herbeiführen kann. Um es vorwegzunehmen: man kann. Kinder machen es uns immer wieder vor in ihrer unbefangenen, vom Verstand noch nicht beschnittenen Form der Wahrnehmung.

Aber auch Erwachsenen gelingt es leicht, Kontakt zum Krafttier aufzunehmen. Doch dazu später.

Wenden wir uns zunächst der Frage zu, ob jeder Mensch nur ein Krafttier hat. Eines begleitet ihn jedenfalls ab dem Zeitpunkt seiner Geburt und bleibt ihm bis zum Tod treu. Es bleibt allerdings nicht zwingend allein. Die meisten Menschen genießen in schwierigen Lebensumständen, bei Gefahr, Krankheit oder besonders entscheidenden Phasen im Leben auch die Unterstützung anderer Krafttiere. Manche von ihnen kommen nur kurzfristig, andere begleiten ihn über eine längere Periode. Und wieder andere bleiben treu wie das Geburtstier bis in den Tod. Welches jeweils in Erscheinung tritt und wie intensiv der Begleitschutz ausfällt, hängt von den Umständen ab. Manche Menschen werden in bestimmten Lebensphasen von einer ganzen Tierschar begleitet, andere sehen immer nur ein Tier, sodass sie den Eindruck haben, dass ihre kraftvollen Tierbegleiter abwechseln. Eines scheint jedoch gewiss: Das Geburtstier bleibt immer vorhanden, auch wenn es über lange Phasen in den Hintergrund tritt und anderen tierischen Spezialisten das Feld überlässt.

Oft haben Menschen daher neben ihrem lebenslangen Begleiter jeweils einen Spezialisten für Beruf, Geld und Karriere, einen für Beziehungen, Freundschaften und Familie sowie einen für Gesundheit und den Körper. Und in Ausnahmefällen kommen sogar weitere für die intellektuelle Entwicklung, die seelische Gesundheit oder die Spiritualität hinzu.

Doch egal ob Generalisten oder Spezialisten – alle wollen nur das Beste für den begleiteten Menschen und richten sich ganz nach ihm, seinen Wünschen und Bedürfnissen, seiner Situation und der Art der von ihm benötigten Unterstützung. Sie repräsentieren sozusagen jene Lebensbereiche, die für ihn aktuell von Bedeutung sind.

Dass sich diese Tiere nicht in die Quere kommen, versteht sich dabei von selbst. Die Krafttiere eines Menschen wollen ihm dienen und vertragen sich, auch wenn es sich in der Natur um Fressfeinde handelt. So kann ein Mensch von Wolf und Reh oder von Katze und Maus begleitet werden, ohne dass ein Tier das andere verfolgen würde. So wie sich in uns Körper, Seele und Intellekt letztlich auch nicht schaden dürfen.

Wozu das Krafttier *gut ist*

Das Krafttier hilft dem Menschen, den es begleitet. Es schützt ihn, unterstützt ihn aber auch dabei, das vom Leben zu bekommen, was er sich wünscht. Darüber hinaus gibt es ihm Orientierung für gerade aktuelle Aufgaben im Leben. Menschen, die beispielsweise aktuell von einem Bären begleitet werden, können sich die Frage stellen, an welchen Punkten in ihrem momentanen Dasein Krafteinsatz notwendig ist und wann, wie und wo sie die Ruhephasen des „Winterschlafs" leben. Menschen mit Ameisen als Krafttier stehen vor der Frage des sozialen Prestiges für ihren Einsatz, Menschen mit Ratten als Krafttier sollten sich ihrem Ehrgeiz stellen.

Eines sei an dieser Stelle auch noch angemerkt: Das Krafttier gibt nicht nur Orientierung, welche Eigenschaften man im Leben stärken sollte. Und es hilft auch nicht nur dabei, diese Qualitäten tatsächlich aufzubringen. Es ist auch ein guter Gradmesser dafür, wo man aktuell steht und wie es um das eigene Seelenleben bestellt ist.

Besucht man sein Krafttier in der nicht alltäglichen Wirklichkeit, so sieht man schnell, wie es ihm geht. In aller Regel wird es vor Kraft strotzen, schließlich ist das ja seine ureigene Natur. Selbst wenn wir im Leben hin und her schlingern, scheinen unsere Krafttiere von unerschöpflicher, universeller Energie durchdrungen zu sein. Auf einen kurzen Nenner gebracht heißt das: Krafttier gut, alles gut! Begegnet einem das eigene Krafttier dagegen angeschlagen, dann ist es höchste Zeit etwas zu unternehmen! Dann sollte man andere Krafttiere herbeirufen, die ihm helfen – und sollte dabei ganz genau verfolgen, wer oder was dann in Erscheinung tritt. In einem solchen Fall bekommt man wahrscheinlich die schmerzhaftesten, aber auch die hilfreichsten Hinweise auf notwendige Veränderungen. Es geht um eine Schieflage im Leben, die man nun begradigen kann. Das heißt jedoch nicht, dass der Mensch, der von einem kranken Krafttier begleitet wird, ebenfalls krank ist, krank wird oder gar vom Tod bedroht ist! Es bedeutet nur, dass man dringend etwas verändern sollte, um es leichter im Leben zu haben.

Wie man sein *Krafttier kennenlernt*

Doch wie kommt man nun zu seinem Krafttier? Wie erfährt man, wer einen seit der Geburt begleitet, wenn man nicht das Glück hat, entsprechende Kindheitserinnerungen zu besitzen? Im Grunde ist es ganz einfach. Denn zwischen Wachzustand und Schlaf öffnet sich uns jener Zugang zur eigenen Seele, in dem solche Begegnungen stattfinden. Und der Schlüssel zu diesem Reich findet sich in der Trance, der Meditation und im Halbschlaf.

Schamanen unterscheiden zwischen der alltäglichen und der nicht alltäglichen Wirklichkeit. Die nicht alltägliche Wirklichkeit erschließt sich im Traum, in der Fantasiereise oder in der Trance, die durch Tanzen, rhythmisches Trommeln oder durch andere Meditationsformen erzeugt werden kann. In diesem tiefen Entspannungszustand kann der Mensch seine Gedanken zwar im Grunde noch lenken, allerdings suchen sie sich ihre eigenen, sonst nicht verwendeten Wege. Und genau das sind die Wege, auf denen jeder von uns seinem Krafttier begegnen kann.

Am einfachsten ist es, die Phase des Halbschlafs auszunutzen. Beim Einschlafen und Aufwachen kennen wir wohl alle jene Phase, in der wir unsere Gedanken gerade noch gezielt steuern können. Wer ein wenig übt, seine Träume in dieser Phase zu steuern, wird erstaunliche Erfahrungen machen.

Besonders leicht lässt sich das Einschlafen und Aufwachen nutzen, um uns auf die Suche nach unserem Krafttier zu machen. Im Grunde müssen wir ihm nur sagen, dass es erscheinen soll. Dann brauchen wir nur darauf zu warten, dass uns ein Tier in diesen halb wachen Zuständen begegnet. Nehmen wir uns dann noch vor, es einige Zeit zu begleiten, können wir eine Menge über unser Krafttier erfahren.

Taucht dann ein Tier auf, das wir überhaupt nicht wollen, so können wir es sogar wegschicken. Manchmal wird es versuchen, uns eines Besseren zu belehren. Und tatsächlich lohnt der Versuch, sich auf einen Begleiter einzulassen, der uns zunächst irritiert. Doch wenn wir ein Tier überhaupt nicht wollen, dann hält es sich auf unseren Wunsch auch vornehm im Hintergrund. Oder es akzeptiert unsere Bedingungen.

»Vom Umgang mit einem Krafttier

So ist in meinem Bett beim Einschlafen über Monate hindurch eine Schlange aufgetaucht. Anfangs versuchte ich die Schlange zu verjagen, doch das Tier erwies sich als sehr hartnäckig.

Nach Wochen des gestörten Schlafes beschloss ich, die Schlange zu akzeptieren, allerdings nur unter der Bedingung, sie dürfe mich keinesfalls berühren. So kam Abend für Abend die Schlange, ringelte sich zu meinen Füßen ein und war nach einiger Zeit ein gewohnter Bettgenosse. Gleichzeitig beschäftigte mich innerlich ein großer Wandel, der von meiner gesamten Existenz Besitz zu ergreifen schien. Im Nachhinein betrachtet, war die Schlange damals ein hilfreicher Begleiter, um mich auf diesen Wandel einzulassen. Als die gröbsten Umbrüche überstanden waren, verschwand die Schlange und machte einer Schildkröte als wichtigster Begleiterin der nächsten Lebensetappe Platz.

Aber man muss nicht unbedingt auf solch einen Augenblick an der Schwelle zwischen Traum und Wachsein warten. Man kann sich auch ganz gezielt auf die Suche nach seinem Krafttier machen. Als Reisebegleiter dient eine CD mit rhythmischen Trommelschlägen oder mit einer Meditationsmusik, die uns sanft in den sogenannten Alphazustand entführt. So heißt der Entspannungszustand unseres Gehirns, den wir in der beschriebenen Phase des Einschlafens und Aufwachens haben, den wir aber auch durch Meditation erreichen.

Wenn wir ganz entspannt sind, stellen wir uns vor, dass wir uns an einen schönen Ort in der Natur begeben und uns nach einer Stelle umsehen, wo wir ganz leicht in die nicht alltägliche Wirklichkeit eintauchen können. Am besten suchen wir uns einen Platz aus, an dem es uns leichtfällt, uns vorzustellen, dass dies das Tor zur unteren Welt ist. Übrigens ist die untere Welt nicht zu verwechseln mit der Unterwelt in unseren griechisch-römischen Sagenwelten. Es ist weder die Hölle noch der Hades oder sonst ein Wohnort für Tod, Schrecken und Verderbnis. Die untere Welt ist eine Parallelwelt der nicht alltäglichen Wirklichkeit, in der sich nur freundliche, uns wohlgesonnene Wesen aufhalten.

» Besuch in einer anderen Welt

Bei manchen Menschen sieht diese untere Welt genauso aus wie die Welt, in der sie ihr alltägliches Leben verbringen, bei anderen ist es eine Märchenwelt, bei wieder anderen unterscheidet sie sich von der Alltagswelt wie ein Fotopositiv vom Negativ oder durch die Farben. Sie kann sich auch von Besuch zu Besuch verändern.

Übrigens sind auch die Bewohner der nicht alltäglichen Wirklichkeit von den Beschränkungen der alltäglichen Wirklichkeit befreit. Hier gibt es sprechende Füchse, fliegende Schildkröten und Delfine, die sich am Land ebenso elegant bewegen wie im Wasser.

Seien Sie neugierig. Versuchen Sie, nicht zu werten. Alles, was Ihnen auf dieser Reise begegnet, ist richtig und wird sich Ihnen in irgendeiner Art von selbst erklären.

Übrigens gibt es auch eine obere Welt, in die man gelangt, indem man sich vorstellt, von einem Platz in der Natur nach oben zu klettern und durch die Wolken zu stoßen. Dort begegnet man in aller Regel seinem inneren Meister, der einem mit Rat zur Seite steht, wenn es im Leben schwierig wird und wesentliche Entscheidungen getroffen werden müssen.

Doch bleiben wir bei der unteren Welt. Stellen Sie sich einen Schlitz in einem Holzstapel, einen Riss in einer Mauer, eine Pfütze oder ein kleines Loch im Boden vor und steigen Sie dort hinein. Dass muss nicht besonders realistisch sein, Sie bewegen sich ja nun in einer nicht alltäglichen Wirklichkeit, und da sind eben Dinge möglich, die im Alltag nicht so einfach gehen.

In aller Regel werden Sie vor sich so etwas wie einen Weg sehen oder spüren, dem sie einfach weiter folgen. Es geht immer tiefer hinunter und schließlich stoßen Sie durch einen letzten kleinen Widerstand und sind in der unteren Welt angekommen. Sollte es Schwierigkeiten auf dem Weg nach unten geben, stellen Sie sich einfach vor, wie Sie diese bewältigen. Dabei ist alles erlaubt. Sie können eine Abzweigung des Weges wählen, nach der es weitaus leichter abwärts geht als vorher. Sie können einen Spaten aus der Hosentasche ziehen und das Loch, durch das Sie nicht hindurchpassen, vergrößern. Oder Sie können sich einfach vorstellen, dass Sie irgendwie hinter das Hindernis gekommen sind.

Letztlich ist alles erlaubt, was Ihnen in den Sinn kommt und was Sie weiterbringt. Sie sind der Gestalter dieser Welt und können Ihre Umgebung so formen, wie Sie diese gerne hätten.

Einmal unten angekommen, schauen Sie sich kurz um und bewegen sich ein wenig hin und her. Nachdem Sie sich mit dieser ungewohnten Umgebung vertraut gemacht haben, rufen Sie nach Ihrem Tier.

Kommt eines, fragen Sie es, ob es Ihr Krafttier ist. Vielleicht ist es nur ein Bote, der Sie zu Ihrem Krafttier bringen kann. Sie können mit diesem Tier verhandeln. Sie können ihm sagen, unter welchen Bedingungen es bleiben darf oder gehen muss. Letztlich können Sie es sogar wegschicken und ein anderes Tier rufen.

Im Grunde ist es kein Fehler zu nehmen, was kommt – auch wenn es noch so irritierend ist. Manchmal steht uns einfach nur unser Stolz im Weg, unser Selbstbild. So wollte beispielsweise eine ehrgeizige Finanzberaterin kein weißes Reh als Krafttier akzeptieren. Dies erschien ihr doch als zu gebrechlich und schwach. Erst nach

Monaten und einigen Schicksalsschlägen erkannte sie, welche Stärke in diesem vermeintlich scheuen, zerbrechlichen Tier steckte, und konnte sich über seine Unterstützung freuen.

Auch so unbeliebte Tiere wie Insekten oder Schlangen haben als Krafttiere ihre Berechtigung. Ob es nun um Ameisen geht, um Bienen oder gar um Krokodile oder Schlangen – sie alle dienen dem Menschen, den sie begleiten, wenngleich Krafttiere aus dem Reich der Säugetiere und der Vögel weit häufiger vertreten sind als Reptilien oder Insekten. Einzig bei der Schlange, die ihre Fänge zeigt, sollten Sie abwarten und keine eigenen Aktionen setzen. Kommt die Schlange von selbst auf Sie zu, meint sie es gut. Selbst wenn sie Sie verschlingen sollte, ist dies kein aggressiver Akt, sondern ein Akt der Reinigung. Zu stark forcieren sollte man diese Schlangenenergie allerdings nicht. Also, ein wenig Geduld, sollte Ihr Krafttier eine Schlange sein, wird sie schon von sich aus alles Notwendige in die Wege leiten.

» Wenn kein Krafttier erscheint

Manchmal kommt es allerdings auch vor, dass man sich in Trance in die untere Welt begibt, sein Krafttier ruft – und alleine bleibt. Vor allem beim ersten Mal kann das sehr irritierend wirken. Am besten verhalten Sie sich in solch einem Fall wie bei unvorhergesehenen Hindernissen auf dem Weg in die untere Welt. Sie bestellen sich einfach, was Sie wollen. Denken Sie an irgendein Tier und rufen Sie es zu sich. Vermutlich wird es auftauchen. Dann können Sie mit ihm verhandeln, ob es Ihr Krafttier wird oder nicht.

Kommt selbst auf diese Bitte kein Tier, fragen Sie am besten nach einem Symbol oder einer anderen Hilfestellung. Oder Sie akzeptieren, dass heute das Tierreich anderweitig beschäftigt ist, und beenden Ihre Meditation, um zu einem besser geeigneten Zeitpunkt zurückzukehren.

Sind Sie Ihrem Krafttier dagegen begegnet, sollten Sie es künftig in halbwegs regelmäßigen Abständen besuchen – egal, ob Sie dazu die Form der Meditation oder des Wachtraums verwenden.

Die Krafttiere *in diesem Buch*

Das Konzept des Krafttieres stammt aus dem Schamanismus und da spielen heutzutage vor allem die amerikanischen Subkontinente eine Rolle. Daher kommen in diesem Buch zunächst einmal die wichtigsten dort vertretenen Tiere vor. Zu vielen dieser Tiere haben wir Europäer keinen Bezug, wie beispielsweise zum Kojoten. Letzterer ist als Trickster oder Spaßvogel von so zentraler Bedeutung, dass er in diesem Buch keinesfalls fehlen darf, auch wenn europäische Menschen vermutlich nur selten auf ihn stoßen werden.

Als zweite Gruppe beschriebener Krafttiere stellen wir jene vor, die als Tierkreiszeichen auch Eingang in unseren Tierkreis gefunden haben. Dort haben dann auch Fantasiegeschöpfe wie der Schütze in der Gestalt des mythologischen Zentauren ihren Platz.

Als dritte Gruppe werden die Vertreter des chinesischen Tierkreises vorgestellt, weil sie in den vergangenen Jahren auch in unseren Breiten immer mehr Aufmerksamkeit bekommen. Auch dort ist in Gestalt des Drachen ein Fantasiegeschöpf zu finden.

Schließlich runden Kurzporträts von Tieren, die in unserer Kultur seit jeher einen hohen Symbolwert haben, den Reigen der in diesem Buch aufgenommenen Krafttiere ab.

» Weitere Krafttiere

Diese Liste ist natürlich nicht erschöpfend. Sie können auch Krafttiere als Begleiter haben, die Sie nicht in diesem Buch finden. Wenn Sie einen Zugang zu ihnen schaffen wollen, fragen Sie sich am besten, was Sie ganz persönlich mit diesen Tieren verbinden.

Wesentlich ist das Bild, das wir mit einem Tier oder einem Fabelwesen verknüpfen, wesentlicher als das, was vielleicht in Brehms Tierleben oder anderen naturwissenschaftlichen Nachschlagewerken über dieses Tier festgehalten ist. Denn unsere Vorstellungen und Bilder sind jenes kollektive Wissen, das sich in den Krafttieren als Seelenbegleiter niederschlägt. Und wenn man auf diese Bilder achtet, dann eröffnen sich im Leben plötzlich ganz unübliche, überraschende neue Lösungen.

Übrigens ist die Klassifizierung in die vorgestellten Gruppen und die Einordnung der Tiere eine rein subjektive Wertung der Autorin. Selbstverständlich spielt der Drache auch in unserer europäischen Vorstellungswelt eine wesentliche Rolle – und nicht nur in der chinesischen. Die Schlange kann ebenso gut als schamanisches Krafttier, wie als chinesisches oder europäisches, betrachtet werden. Der archaische Symbolgehalt ist jedoch in allen Kulturkreisen so ähnlich, dass auf doppelte oder dreifache Beschreibungen verzichtet wurde. Wo Sie in diesem Buch Ihr persönliches Krafttier – ganz gleich, woher Sie es als Ihr Krafttier kennen – wiederfinden, entnehmen Sie am besten dem Register.

In dem zu jedem Tier gehörenden Text finden Sie dann einen kurzen Hinweis zum kulturellen Bezug sowie eine längere Beschreibung der Qualitäten dieses Tieres als lebenslanger Begleiter und seine Bedeutung als kurz- und mittelfristige Unterstützung in entscheidenden Lebensphasen.

![Ein Weißkopfseeadler im Flug über dem Wasser.]

Der Adler

 Schamanisches Krafttier

Der Adler gilt in so gut wie allen Kulturkreisen, die dieses Tier aus seinem persönlichen Lebensraum kennen, als der „König der Lüfte". Er beeindruckt die Menschen mit seiner Größe, der Spannweite seiner Schwingen und seiner Flughöhe. Zudem scheint er mit souveräner Leichtigkeit seine Kreise zu ziehen, um dann pfeilschnell aus der Luft zum Boden zu fliegen und sein Opfer zu ergreifen. So wundert es nicht, dass er als Sinnbild für Kraft, Ausdauer und Stärke, aber auch für Unabhängigkeit und Freiheitsliebe

Qualitäten:	Freiheit, Kraft und die spirituelle Verbindung mit der höheren Ordnung
Kraftphase:	Das ganze Jahr
Botschaft:	Die Kraft der Entwicklung trägt dich
Begleiter in Krisen:	Verwandelt die Niederlage in einen Sieg
Begleiter auf Lebenszeit:	Ein Herausforderer der Entwicklung

Der Adler

steht. Er ist eben nicht nur der König der Lüfte, sondern auch ihr unangefochtener Krieger.

In indianischen Kulturen hat der Adler zudem die Rolle des Vermittlers zwischen den Kräften des Universums und jenen der Erde. Er ist der Mittler des Großen Geistes, lässt sich nicht einschränken oder unterjochen und verleiht allen, die sich mit seiner Feder schmücken, Kraft und Potenz. Er regiert die Elemente Luft und Wasser und Erde, denn er lebt in den Höhen, in die kein Mensch aus eigener Kraft vorstoßen kann, und holt sich seine Nahrung aus dem Wasser und von der Erde. Dies tut er in einer Art, die dem Feuer, dem vierten Element, seine Achtung abringt.

Damit führt der Adler den suchenden Menschen zur göttlichen Einheit. Man muss sich ihm allerdings überlassen, denn er kennt keine Bedingungen oder Kompromisse. Sein oder Nichtsein – so lautet seine Botschaft und so kann mitunter sein Weg auch mit Schmerzen verbunden sein.

Auch unser Kulturkreis verbindet den Adler traditionell mit göttlicher Allmacht und königlicher Stärke. Er ist das Symbol des Evangelisten Johannes, der im Prolog seines Evangeliums über das Wort, das am Anfang bei Gott war, schreibt, dass es sich wie der Adler zur Sonne erhebt.

So ist es auch nicht weiter verwunderlich, dass der Adler auf vielen europäischen Wappen zu finden ist.

Bereits die Römer setzten den König der Lüfte als Legionszeichen bei ihren Standarten ein. Karl der Große verwendete ihn als Sinnbild kaiserlicher Gewalt. Deutschland und Österreich, die Erben des Heiligen Römischen Reiches Deutscher Nation, aber auch andere Staaten verwenden ihn bis heute als Hoheitszeichen und Symbol der Staatsgewalt.

Geld *und Karriere*

Der Adler verspricht beruflich ein bewegtes Leben. Er begleitet den Menschen durch alle nur erdenklichen Höhen und Tiefen. Wobei dem Wohlstand nicht sein Augenmerk gilt. Er vermittelt die Gewissheit, dass immer genug da sein wird, um zu überleben.

Worauf es dagegen wirklich ankommt, ist die Chance zur Entwicklung. Und die besteht nur dort, wo der Mensch etwas wagt und gewinnt. Oder verliert, denn auch im Verlust geschieht Entwicklung.

Beziehungen *und Familie*

Bei so viel Risiko und so großem Freiheitsdrang könnte man meinen, dass der Adler nicht besonders fürsorglich ist. Doch weit gefehlt. Der Adler geht mit seinem Nachwuchs sehr aufmerksam um, umhegt und versorgt ihn – bis zu einem gewissen Zeitpunkt, um ihn dann in die Eigenständigkeit zu entlassen. Insofern sind Adler beispielsweise besonders gute Begleiter in Phasen, in denen Kinder flügge werden.

Gesundheit *und Körper*

Auch in gesundheitlichen Belangen ist der Adler ein Wegbegleiter durch Krisen. Er mahnt den Menschen, Krankheit als Herausforderung anzunehmen, sich ihren Konsequenzen zu stellen und sich mit dem eigentlichen Sinn des Lebens zu beschäftigen. Das scheint mitunter schwierig, aber der Adler fliegt eben der Sonne entgegen, auch wenn er sich dadurch mitunter der Gefahr aussetzt, sich die Schwingen zu versengen.

Der Bär

◎ *Schamanisches Krafttier*

Der Bär hat zwei ganz unterschiedliche Seiten. Einerseits ist er ein mächtiges Raubtier, das sich mit Mut und Kraft nimmt, was es braucht. Er fürchtet keine Feinde und stellt sich mutig dem Kampf. Andererseits ist der Bär weder aggressiv noch streitsüchtig. Wenn er sich nicht angegriffen fühlt, geht er dem Kampf aus dem Weg und genießt sein Leben in Harmonie mit seiner Umgebung. Zudem zieht er sich jedes Jahr einige Monate zurück, fährt seinen Stoffwechsel auf ein Minimum zurück und hält Winterruhe. Für so ein kraftvolles, mächtiges Säugetier ist dies ein wirklich außergewöhnliches Verhalten.

Die indianischen Kulturen schätzen den Bären deshalb auch als Vermittler von Ruhe und Innenschau, der für sie Inbegriff des natürlichen Rhythmus ist. Im Frühjahr erwacht er zu neuen Kräften, beginnt seine Streifzüge durch die Natur und nimmt sich den ihm zustehenden Teil. In dieser Zeit sammelt er jenen Speck an, der es ihm ermöglicht, die kalte Jahreszeit zu verschlafen und neue Kraft zu tanken. Er ist der Inbegriff natürlicher Urinstinkte – und zu ihnen zählt die Ruhe ebenso wie die Aktivität.

Die Bärenenergie – so meinen die nordamerikanischen Schamanen – verhilft dem Menschen, sich in sein Inneres zurückzuziehen, um dort richtig von falsch zu unterscheiden und aus dieser inneren Haltung heraus jene Kraft zu entwickeln, die sie zur Durchsetzung ihrer Bedürfnisse benötigen.

Auch in unserem Kulturkreis verbindet man mit dem Bären Kraft und Stärke. Nicht umsonst sagt man bestimmten Menschen Bärenkräfte nach. Und man erkennt auch die in sich ruhende Seite dieses mächtigen Tieres, denn Menschen, die man Bären nennt, mit denen verbindet man auch bei uns Gutmütigkeit, Weisheit und Loyalität. Umso interessanter ist es, dass man im christlichen Kontext den Bären auch als grausam und habsüchtig bezeichnet. Dies dürfte nicht zuletzt damit zusammenhängen, dass die Ruhe des Bären aus christlicher Sicht als Eigennutz interpretiert wird, seine Ruhe als Faulheit und seine Genussfähigkeit als (verbotene) Sinneslust.

Geld *und Karriere*

Der Bär als Krafttier ist in beruflicher und finanzieller Hinsicht ein Mahner des rechten Maßes und der Work-Life-Balance. Kommt man bei allem beruflichen Streben noch dazu, sich zu erholen? Wo sind die Ruhephasen, die überhaupt erst zu echter Kraft führen? Muss es das Geld um des Geldes wegen sein oder reicht uns das, was wir wirklich brauchen? Auch im Umgang mit Chefs und Kollegen erinnert uns der Bär daran, einerseits kraftvoll einzufordern, was uns zusteht, aber andererseits unnötigem Streit aus dem Weg zu gehen.

Qualitäten:	Kraft, Mut und Selbstreflexion
Kraftphase:	Frühling, Sommer und Herbst
Botschaft:	In der Ruhe entsteht die Kraft
Begleiter in Krisen:	Ein Anwalt der Selbsterkenntnis
Begleiter auf Lebenszeit:	Ein mächtiger Tröster in allen Lebenslagen

Der Bär

Beziehungen *und Familie*

Bärenkinder erblicken am Ende der Zeit der Stille das Licht der Welt und folgen ihrer Mutter, sobald sie kräftig genug sind, hinaus ins Freie. Ähnlich verhält es sich mit Beziehungen, die von Bärenenergie begleitet werden. Der Bär fordert die Ruhe als Quelle der Kraft und begnügt sich nicht mit oberflächlichen Beziehungen, in denen es nur um Prestige oder Äußerlichkeiten geht. Ist dieser Partner einer, mit dem man auch schweigen kann, scheint das Krafttier zu fragen und verweigert seinen Schutz, wo dies nicht möglich scheint.

Gesundheit *und Körper*

Bärenkräfte sind schön und gut, aber der Bär als Krafttier fordert unerbittlich einen verantwortlichen Umgang mit diesen Kräften ein. Mit einem Bären als Begleiter sollte man dem sinnlichen Genuss ebenso einen Platz geben wie der Ruhe und der Einschränkung. Taucht ein Bär als kurzfristiger Begleiter auf, ist er in gesundheitlichen Belangen ein deutliches Zeichen, wieder einmal deutlich zurückzuschalten.

Der Biber

◉ *Schamanisches Krafttier*

Biber sind in vielerlei Hinsicht ganz besondere Geschöpfe. Wer die Zeit hat sie einmal länger zu beobachten, wird von ihren Aktivitäten verblüfft sein. Quasi über Nacht fällen sie hohe Bäume, zerkleinern akribisch das Holz und schichten es zu kunstvollen

Dämmen auf. Dabei kommen ihnen nicht nur ihre scharfen Zähne zugute. Da sie ihre Nasenlöcher wasserdicht verschließen können und wahre Meister der Atemtechnik sind, können sie auch lange Zeit unter Wasser verbringen und dort in aller Ruhe und

Qualitäten:	Fleiß, Gestaltungswille und Vorausschau
Kraftphase:	Winter und Frühjahr
Botschaft:	Nimm deine Vision in Angriff, wenn du sie verwirklichen möchtest
Begleiter in Krisen:	Ein Wegweiser für alle Eventualitäten
Begleiter auf Lebenszeit:	Ein geschickter Architekt des Möglichen

Der Biber

Gemütlichkeit ihre architektonischen Meisterwerke aufbauen. Die indianischen Kulturen verehren die Biber vor allem wegen der Vielschichtigkeit ihrer Bauwerke. Sie scheinen komplexe Baupläne zu verfolgen, in denen sie für so gut wie jede Eventualität einen Fluchtweg einplanen. Daher gilt ihnen der Biber auch als Vertreter von Voraussicht und Sicherheit. Bibermedizin ist jene Fähigkeit, große Visionen mit Ausdauer, Fleiß und guter Planung so zu verfolgen, dass sie auch tatsächlich umgesetzt werden.

Mit einem Biber als Krafttier sollte man sich der eigenen Bestimmung, der Träume und Lebensvisionen bewusst werden. Warum sollte man als Mensch verzagen, wenn solch ein kleines Nagetier in der Lage ist, über Nacht Baumriesen zu fällen und in kunstvolle Dämme zu verarbeiten.

Er mahnt aber auch, die Kraft Gleichgesinnter zu suchen. Denn auch ein Biber baut seinen Bau nicht alleine.

Auch in unserer christlichen Tradition gilt der Biber als Garant für Geschicklichkeit und Arbeitseifer. Außerdem sahen die Christen in ihm einen Vertreter der Keuschheit. Das geht auf eine Fabel zurück, laut der ein Biber sich die Hoden abbiss, damit er als Jagdbeute für die Jäger uninteressant wurde. Dabei sollte man allerdings im Auge haben, dass gerade die christliche Tradition ihr ureigenes Thema mit der Sexualität hat, die etwa von indianischen Kulturen so nicht nachvollzogen wird. Sie sahen und sehen im Biber viel eher den fruchtbaren Gesellen einer funktionierenden Gemeinschaft, die miteinander schafft, was keinem Einzelnen auf sich gestellt gelingen könnte.

Geld *und Karriere*

Der Biber ist in beruflicher Hinsicht ein sehr förderlicher Begleiter. Er macht Mut, mit der richtigen Mischung aus Kreativität, Ausdauer und Planung auch das Unmögliche möglich zu machen. Und sich das dann auch mit etwas List auf Dauer zu erhalten. Insofern gibt der Biber auch in Phasen der Neuorientierung Kraft und Durchhaltevermögen. Die Grundvoraussetzung dabei ist allerdings, dass sich der Mensch seinen Sehnsüchten und Träumen ehrlich stellt. Wer dagegen pragmatisch versucht, mit möglichst wenig Einsatz möglichst viel zu bekommen, wird den Biber als mahnenden Hinterfrager zu spüren bekommen.

Beziehungen *und Familie*

Biber sind gesellige Geschöpfe. Sie nehmen nicht jeden in ihren Kreis auf, aber wer einmal Mitglied ihrer Gemeinschaft ist, der wird so schnell nicht fallen gelassen. Zunächst muss er allerdings seinen Nutzen unter Beweis stellen. Für Schmarotzer haben Biber kein Verständnis und jagen sie schonungslos davon. Ist man dagegen akzeptiert, bleibt man es ein Leben lang. Insofern steht der Biber auch für ein solides, stabiles Beziehungsleben.

Gesundheit *und Körper*

Das wichtigste Werkzeug des Bibers sind seine Zähne. Fehlt ihm ein Zahn, muss er in aller Regel sterben. Das heißt nicht unbedingt, dass der Biber an tägliche Mundhygiene erinnern will. Vielmehr fordert er den Menschen auf, achtsam mit seinen körperlichen Ressourcen umzugehen. Wer beispielsweise unter Allergien leidet, sollte das Auftauchen eines Bibers als Krafttier auch dazu nutzen, sich zu fragen, in welchen Punkten seines Lebens er gegen seine innere Lebensvision lebt und sich dadurch selbst krank macht.

Das Eichhörnchen

Schamanisches Krafttier

Eichhörnchen – und ihre Verwandten, die ockerfarben gestreiften Streifenhörnchen – sind lustige Gesellen. In Gruppen sitzen sie in den Bäumen, halten zum Teil recht heftige Schaukämpfe ab und scheinen immer in Bewegung zu sein. Dabei beobachten sie ihre Umgebung sehr genau und reagieren auf die kleinste Störung. Husch, husch, und die kleinen Tiere scheinen wie vom Erdboden bzw. von den Bäumen verschluckt. Das Einzige, was man von ihnen noch kurz wahrnimmt, sind die pfeifenden Geräusche, die sie sich zur Warnung zukommen lassen. Der erste Eindruck des Eichhörnchens ist ein lustiger, verspielter und bewegter. Man hält es kaum für möglich, dass diese scheinbar ziellos durch die Bäume wuselnden Geschöpfe tatsächlich unermüdlich dabei sind, Vorräte für den Winter zu sammeln und zu verstecken. So mancher Nussbaum verdankt seine Existenz dem Fleiß eines Eichhörnchens, das viel mehr sammelt, als es im Winter tatsächlich benötigt. Und bedankt sich seinerseits bei den folgenden.

Gelingt ihnen die Flucht nicht und treibt man sie zu sehr in die Enge, kommen ihre scharfen Zähne zum Einsatz. Spätestens dann erkennt man, dass ihre Kämpfe in der Luft pure Show sind, denn dort fließt in aller Regel kein Blut.

Als Krafttier ist genau diese spielerische Beweglichkeit, gepaart mit einer zunächst nicht bemerkbaren Vorsorge, die schamanische Botschaft an den Menschen. Sei aktiv, behalte dabei aber dein Ziel im Auge! Sorge vor, aber dann genieße auch die Früchte deiner Arbeit. Und freue dich, wenn der eine oder andere von dir gesäte Samen aufgeht und weit über deine eigene Existenz hinaus zu wachsen beginnt.

In unserem christlichen Kulturkreis ist das niedliche Tierchen übrigens nicht ganz so positiv besetzt. Aufgrund seines roten Fells galt es gemeinsam mit dem Fuchs als Begleiter des Teufels. Und seine Sammelleidenschaft wurde mit Gier und Geiz interpretiert. Aber in diesem Buch halten wir uns an den positiven, schamanischen Aspekt des flinken Sammlers, der nicht nur für sich selbst sorgt, sondern auch das Auskommen der nächsten Generationen in die Wege leitet.

Geld *und Karriere*

Taucht das Eichhörnchen im Zusammenhang mit beruflichen Fragestellungen als Krafttier auf, sollte man einmal die eigenen Aktivitäten kritisch hinterfragen. Neigt man zu übertriebenem Aktionismus und verliert dabei völlig das Ziel aus den Augen? Ist man zu verbissen und ohne spielerische Leichtigkeit am Werk? Oder hat man am Ende sogar jede Aktivität eingestellt? Das Eichhörnchen ist jedenfalls ein Brückenbauer zwischen dem spielerischen Einsatz im Heute und der Versorgung von morgen.

Qualitäten:	Beweglichkeit, Spiel- und Sammeltrieb
Kraftphase:	Das ganze Jahr
Botschaft:	Behalte dein Ziel im Auge
Begleiter in Krisen:	Eine Energiequelle für schnelle Reaktionen
Begleiter auf Lebenszeit:	Ein Sammler und Verteiler

Das Eichhörnchen

Beziehungen *und Familie*

Wenn man Eichhörnchen eine Weile beobachtet, dann bemerkt man, dass die kleinen Nager eine überraschend ausgeprägte Kommunikation pflegen. Da wird gepfiffen und gequietscht, da wird aber auch genau beobachtet und imitiert – was letztlich ebenso eine Form der Kommunikation ist. Als Krafttiere erinnern sie uns auf der Beziehungsebene daran, dass wir uns mit anderen austauschen müssen, um in einem stetigen Kontakt zu sein.

Gesundheit *und Körper*

Auch in gesundheitlicher Hinsicht ist das Eichhörnchen ein Botschafter der Vorsorge. Alles, was ich heute tue, hat morgen seine Auswirkungen. Es mahnt Ruhephasen und Phasen des Genusses ein, es erinnert aber auch an Bewegung und Aktivität. Vor allem als Begleiter aus depressiven Verstimmungen hat dieses Tier eine ganz besondere Kraft.

Die Eidechse

◎ *Schamanisches Krafttier*

Die Eidechse ist ein faszinierendes Geschöpf. Als wechselwarmes Tier ist sie von der Wärme ihrer Umgebung abhängig. Ist es kalt, scheint sie erstarrt zu sein, so, als würde sie in einem todesähnlichen Schlaf liegen. Mit zunehmender Wärme steigt ihre Beweglichkeit, bis sie in der Lage ist, blitzschnell umher zu huschen. Allerdings verbringt sie auch dann einen Großteil ihrer Zeit bewegungslos an sonnigen Plätzen. Daher wird sie auch als „Hüterin der Träume" bezeichnet. Uns Menschen mag

Qualitäten:	Erneuerung und Entwicklung
Kraftphase:	Frühling und Sommer
Botschaft:	Lebe deine Träume, träume dein Leben
Begleiter in Krisen:	Ein Helfer beim Loslassen und Neuorientieren
Begleiter auf Lebenszeit:	Ein Wegweiser zum inneren Reichtum

Die Eidechse

dies als absolute Abhängigkeit von der Umgebung, speziell von der wärmenden Sonne, erscheinen. In Wahrheit regulieren die Eidechsen ihre Körpertemperatur durch den gezielten Wechsel zwischen sonnigen und schattigen Plätzen.

Eidechsen haben aber auch sonst einen ganz besonders feinfühligen Bezug zu ihrer Umwelt. Sie spüren die kleinste Erschütterung und auch die kaum wahrnehmbaren Bewegungen von Insekten. Dann verharren sie vollkommen regungslos, um ihre Beute blitzschnell zu fangen und zu verschlucken. Spätestens dann wird klar, dass die scheinbar träumende Eidechse sehr wach in der Gegenwart lebt.

Einen ganz besonderen Bezug hat die Eidechse zu den archaischen Bildern der Menschheitsgeschichte. Mit ihrem lang gestreckten Körper,

den kurzen Beinen und dem langen Schwanz erinnert sie uns mitunter an die Drachen unserer Sagen und Mythen. Dieser Eindruck wird noch bei Eidechsen unterstrichen, die einen gezackten Rückenkamm besitzen.

Als Krafttier ermuntert uns die Eidechse, auf unsere Intuition zu hören, sensibel auf die unterschwelligen Botschaften unserer Umwelt zu reagieren und uns von Abhängigkeiten unserer Umgebung bewusst frei zu machen. Sie hilft uns, unser Unterbewusstsein zu erschließen und unsere Träume ans Licht des Tages zu bringen. Und damit ist sie auch ein Anwalt unserer physischen, emotionalen, geistigen und spirituellen Kräfte. Und sie zeigt uns die Möglichkeit des Loslassens. Ihr Schwanz bricht bei der Flucht vor Feinden nämlich leicht ab, wächst aber ebenso schnell wieder nach.

Geld *und Karriere*

Wenn die Eidechse in beruflichen Zusammenhängen als Krafttier auftaucht, ist sie die Botschafterin der Intuition und die Aufzeigerin des richtigen Augenblicks. Mit der Hilfe der Eidechse kann man sich auch beruflich auf den einen oder anderen Tagtraum einlassen, um dann von der inneren Überzeugung gesteuert zum richtigen Zeitpunkt die richtigen Aktivitäten zu wählen. Erscheint sie in beruflichen Krisen, sollte man sich die Frage stellen, in welchen Bereichen man sich zu stark als Opfer der äußeren Einflüsse fühlt und was man selbst machen kann, um wieder zum aktiven Gestalter des eigenen Lebens zu werden.

Beziehungen *und Familie*

Eidechsen sind Meister des Loslassens. In Beziehungsfragen ermahnen sie als Krafttiere oft dazu loszulassen. In welche mehr oder minder sinnvollen Auseinandersetzungen und Kämpfe ist man verstrickt? Wo genügt es, den eigenen Platz zu wechseln, um eine neue Sicht auf die Dinge zu bekommen? Wo muss man loslassen? Opfer, die man in diesem Prozess bringt, mögen schmerzhaft erscheinen, entpuppen sich allerdings im Nachhinein betrachtet meist weniger dramatisch als befürchtet.

Gesundheit *und Körper*

Auch in Bezug auf unsere körperliche Verfassung erinnert uns die Eidechse als Krafttier an die eigene Verantwortung und an das in jedem von uns vorhandene Wissen, was uns schadet. Alkohol, Koffein, Nikotin und andere Drogen, aber auch Fett und Zucker sind nichts anderes als Betäubungsmittel, die unsere Emotionen in einen Scheinschlaf versetzen. Die Eidechse fordert uns auf, diese fatalen Abhängigkeiten zu beenden und unbetäubt unseren Träumen zu begegnen.

Der Kojote

⊚ *Schamanisches Krafttier*

Der Kojote oder amerikanische Präriewolf ist eine besonders zentrale Figur im nordamerikanischen Schamanismus. Als Trickster oder Possenreißer hat er so etwas wie eine Hofnarrenfunktion. Der Kojote führt die von ihm begleiteten Menschen mit ihren eigenen Überzeugungen hinters Licht, negiert das scheinbar Unübersehbare und hält ihnen so schonungslos den Spiegel vor.

Wo der Trickster auftaucht, geht es in aller Regel wenig angenehm zu. Er hat die Lüge im Gepäck, den Betrug und die tölpelhafte Blamage. Als Krafttier sind aber auch seine Absichten gute. Aber die Lektionen, die er erteilt, schmerzen in aller Regel. Zumindest zunächst. Hat man die Botschaft allerdings erst einmal begriffen, dann enthüllt sich die eigene Lächerlichkeit. Das Ergebnis ist dann ein befreiendes Lachen.

Da der Kojote in unseren Breiten beinahe unbekannt ist, muss man als Europäer oft mehrfach hinsehen, um den Kojoten in der nicht alltäglichen Wirklichkeit zu erkennen. Er ist dem Wolf ähnlich, ist allerdings ein wenig kleiner. Im Grunde ist er nichts anderes als eine Wildhundeart. Seine Fellfarbe variiert von Grau bis Braun, die Kehle ist weiß. Besonders auffallend sind seine magere Gestalt sowie der buschige Schwanz, den er meist zwischen die Hinterbeine klemmt und damit tief am Boden hält.

Taucht er als Krafttier auf, ist die Botschaft schmerzhaft, aber klar: Er fordert den von ihm begleiteten Menschen auf, sich nicht so wichtig zu nehmen. Wie die Nadel einen Ballon zerplatzen lässt, so sticht der Kojote in das aufgeblähte menschliche Ego und lässt die Luft heraus. Zuerst mag sich das anfühlen, als würde die eigene Existenz zerplatzen. Erst allmählich offenbart sich die befreiende Wirkung, wenn man ohne aufgebauschten Schein zur wahren Natur des eigenen Seins kommt. Im Übrigen ermuntert der Kojote den Menschen auch, die Dinge augenzwinkernd zu betrachten. Die nichtigen Dramen des Alltags verlieren viel von ihrer Kraft, wenn man sich die lächerlichen Aspekte vor Augen führt.

Geld *und Karriere*

Taucht der Kojote in beruflichen Zusammenhängen auf, ist Vorsicht geboten. Man sollte sich fragen, ob man gerade dabei ist, sich selbst zu übertölpeln. Denn im Grunde sind wir es ja selbst, die uns der Lächerlichkeit preisgeben. Darüber hinaus treibt der Kojote mitunter die Dinge auf die Spitze, um ihre Sinnlosigkeit zu enthüllen. Aufgrund seiner Mahnungen gilt es also auch, kritisch zu hinterfragen, wo man auf einen sinnlosen Zug aufgesprungen ist, um dann die Eigendynamik der Ereignisse gezielt unterbrechen zu können.

Qualitäten:	Vereinigung von Gegensätzen
Kraftphase:	Frühling und Herbst
Botschaft:	Schau ungeschminkt in den Spiegel
Begleiter in Krisen:	Ein schonungsloser Kritiker
Begleiter auf Lebenszeit:	Ein Schelm mit Scharfblick

Der Kojote

Beziehungen *und Familie*

Lüge und Betrug sind die Methoden des Tricksters. Das heißt aber nicht, dass wir von Lüge und Betrug in unserem Umfeld umgeben sind, wenn er als Krafttier auftaucht. Vielmehr gilt seine Botschaft uns selbst. Wo lügen und betrügen wir uns selbst, etwa, indem wir einen nahe stehenden Menschen verteufeln oder idealisieren. Vor den schmerzhaften Lektionen dieses Krafttieres schützen wir uns am besten, indem wir Humor und eine gesunde Portion Selbstironie entwickeln. Dann wird uns der Kojote nämlich viel Spaß bescheren und von seinen boshaften Eskapaden absehen.

Gesundheit *und Körper*

Der Kojote gilt als Aasfresser, tatsächlich erlegt er aber den überwiegenden Teil seiner Beute und frisst darüber hinaus auch Früchte und Beeren. Dabei hält er aber immer so das Maß, dass er nie ein Gramm Fett ansetzt. Taucht der Kojote in gesundheitlichen Fragen als Krafttier auf, weist er auf die Absurdität unserer Ernährung hin, in der viele Menschen trotz des Überflusses Mangelerscheinungen aufgrund ihrer Essgewohnheiten entwickeln.

Die Libelle

◉ Schamanisches Krafttier

Die Libelle ist ein elegantes, zerbrechliches Geschöpf, das mit seinen durchscheinenden Flügeln im Sommer zwischen dem Schilf von Tümpeln und Teichen herumtanzt und mehr an eine Elfe erinnert als an ein gefährliches Raubtier. Kaum zu glauben, dass die Libellenlarve ganze Fischreviere entvölkert, indem sie die jungen Fische anbohrt und sich vom leber den Fleisch ihres Wirtes ernährt, bis dieser entkräftet stirbt.

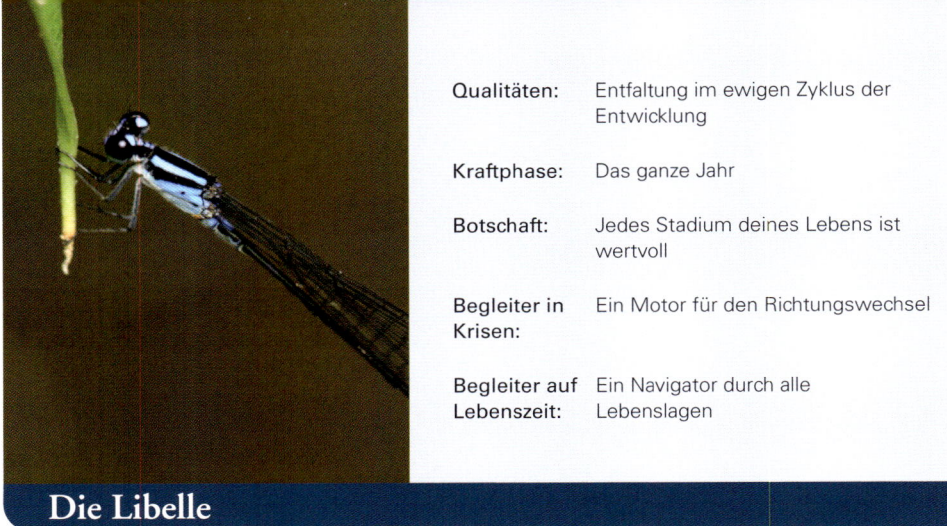

Qualitäten:	Entfaltung im ewigen Zyklus der Entwicklung
Kraftphase:	Das ganze Jahr
Botschaft:	Jedes Stadium deines Lebens ist wertvoll
Begleiter in Krisen:	Ein Motor für den Richtungswechsel
Begleiter auf Lebenszeit:	Ein Navigator durch alle Lebenslagen

Die Libelle

Doch bleiben wir bei der erwachsenen Libelle, denn in diesem Entwicklungsstadium spielt sie als Krafttier ihre wesentliche Rolle. Libellen sind wahre Meisterinnen der Lüfte, denn sie können ihre Flügel unabhängig voneinander bewegen, was ihnen abrupte Richtungswechsel ermöglicht und ihrem Flug eine ganz eigene Grazilität verleiht.

Aber auch in diesem Revier ist die Libelle eine meisterhafte Jägerin, die es geschickt versteht, andere Insekten und sogar Tiere der eigenen Art zu fangen und zu fressen. Dieser „Kannibalismus" mag zunächst abschreckend wirken, weist aber im Grunde nur auf die übergeordnete Unsterblichkeit dieser Spezies hin.

Als Krafttier ist die Libelle wie die anderen Krafttiere auch eine durch und durch positive Erscheinung.

Mit ihrem Auftauchen vermittelt sie uns zunächst die Leichtigkeit eines möglichen Richtungswechsels. Sie fordert uns auf, uns zu bewegen, und zwar in jede nur erdenkliche Richtung. Als Meisterin des Fluges und gute Taucherin ist sie in den Elementen Luft und Wasser zu Hause. Damit verbindet sie die Welt des Intellekts mit jener der Gefühle.

Längerfristig ist die Libelle ein Begleiter durch alle Höhen und Tiefen des Lebens, denn durch die eigene Metamorphose vom Ei über das Larvenstadium und die Verpuppung bis zum ausgewachsenen Insekt steht sie für den ewigen Zyklus des Lebens. Vor allem unsere Seele fühlt sich von diesem Vorbild angesprochen und folgt diesem Krafttier bereitwillig durch die verschiedenen Stadien der Entfaltung.

Geld *und Karriere*

In beruflicher Hinsicht hilft eine Libelle als Krafttier uns durchzusetzen – und zwar auf intellektueller Ebene ebenso wie auf gefühlsmäßiger. Wobei auch immer eine übergeordnete Entwicklung mit im Spiel ist. Ernsten Rückschlägen können wir mit dieser Energie meist erfolgreich aus dem Weg gehen, da sich immer wieder neue Möglichkeiten ergeben werden. Und dass das Ganze auch noch mit einer bewunderungswürdigen Eleganz passiert, wird uns meist erst im Nachhinein bewusst.

Beziehungen *und Familie*

In Beziehungsfragen sorgt die Libelle ebenfalls für eine Erweiterung unseres Horizontes, der wiederum neue Wege und Möglichkeiten offenbart. Libellenenergie lässt uns nicht untätig herumsitzen, wenn etwas nicht nach unseren Vorstellungen verläuft. Im Gegenteil, dieses Krafttier verschafft uns die Fähigkeit, immer wieder die Wahrheit zu erkennen und blitzschnell darauf zu reagieren.

Gesundheit *und Körper*

Raubbau an der eigenen Art ist die warnende Botschaft, die uns die Libelle mit auf den Lebensweg gibt. Taucht sie in gesundheitlichen Zusammenhängen auf, sollte man sich die Frage stellen, ob wir unser Leben der aktuellen Lebensphase angemessen angepasst haben oder ob die Änderungen notwendig sind. Aber im Grunde hilft uns die Libelle auch, über die Beschränkungen des eigenen Körpers hinauszuwachsen und auch nach schweren Krankheiten eine neue Lebensphase zu beginnen.

Die Maus

◉ *Schamanisches Krafttier*

Die Maus ist trotz ihrer unscheinbaren Gestalt im nordamerikanischen Schamanismus ein Held. Dies spiegelt sich nicht zuletzt in der Fabel von „Springender Maus" wider. Darin macht sich ein kleiner Mäuserich eines Tages auf die Suche nach dem wahren Grund seines Lebens. In seiner Gemeinschaft stößt er auf Unverständnis, aber er lässt sich nicht beirren. Er begegnet Verlockungen, aber auch die lenken ihn nicht von seiner Suche ab. Er stellt sich unangenehmen Erlebnissen, begegnet Todesgefahren, aber bleibt konsequent bei seiner Suche. Auf diesem Weg trifft er einen verletzten Büffel und einen verwirrten Wolf. Die mächtigen Tiere so schwach zu sehen, erweckt sein Mitgefühl und er schenkt beiden jeweils eines seiner Augen, um sie wieder gesund zu machen. Sie helfen ihm daraufhin auf seinem Weg weiter und so kommt er schließlich blind und verschreckt am Ziel seiner Suche an. Im Sterben erkennt der Mäuserich den Sinn seines Lebens, er wird zu dem Wesen, das er sein Leben lang fürchtete: der Mäuserich wird zum Adler und erhebt sich neugeboren in die Lüfte.

In dieser Geschichte liegt die gesamte Kraft, die die nordamerikanischen Indianer der Maus als Krafttier zuschreiben. Von unspektakulärem Äußeren und ohne besondere körperliche Kräfte geboren, kommt ihre ganze Kraft aus einem mutigen, mitfühlenden Herzen und dem unbeirrbaren Wunsch nach Erkenntnis. Die Maus als Krafttier beugt sich keinem Gruppenzwang, sie lässt sich nicht bestechen, nimmt Unbequemlichkeiten und Gefahren in Kauf und kommt schlussendlich zum Ziel. Taucht eine Maus als Krafttier auf, deutet sie darauf hin, die Suche nach besonderen äußerlichen Merkmalen zu beenden, um von diesem Zeitpunkt an außergewöhnlich zu leben. Sie zeigt den Weg zur Bescheidenheit, in der wahre Größe liegt. Und sie deutet an, dass man vermeintliche Unbequemlichkeiten und Gefahren nicht allzu wichtig nehmen sollte, wenn es darum geht, die wesentlichen Dinge im Leben zu verfolgen.

Geld *und Karriere*

Nicht aufgeben, sondern unbeirrt weitermachen, unbeeindruckt von Hindernissen oder Risiken, so lautet die Botschaft der Maus als Krafttier. Wenn man nur weiß, wohin man will, wird man auch in vermeintlichen Feinden Unterstützer finden und seinen Weg gehen. Kompromisse gibt es auf dem Weg der Maus allerdings keine. Es geht ums Ganze, wenn auch auf äußerlich unspektakuläre Art und Weise. Begegnet einem die Maus als Krafttier, dann sollte man vor allem fragen, was die wahren Antriebsfedern des Lebens sind. Und wenn man eine Antwort auf diese Frage gefunden hat, dann reichen auch die vorhandenen Mittel aus.

Qualitäten:	Mut, Neugierde, Tapferkeit und Mitgefühl
Kraftphase:	Frühling
Botschaft:	Wer sucht, der findet
Begleiter in Krisen:	Der kleine Held
Begleiter auf Lebenszeit:	Ein Visionär in unauffälliger Gestalt

Die Maus

Beziehungen *und Familie*

Die Maus als Krafttier ist ein soziales Wesen, mit viel Mitgefühl und dem Wunsch, das eigene Wissen mit der Gemeinschaft zu teilen. Sie besitzt aber auch die Kraft, auf die eigene innere Stimme zu hören und sich keinem Gruppenzwang zu beugen. In der Art und Weise, wie man seine wahren Anliegen den wichtigen Menschen in seinem Leben vermittelt, liegt die wahre Herausforderung der Mäuseenergie.

Gesundheit *und Körper*

In Bezug auf die eigene Gesundheit und die körperliche Unversehrtheit ist die Maus scheinbar unerbittlich. Sie stellt die eigene geistige Entwicklung darüber. Taucht die Maus als Krafttier in gesundheitlichem Zusammenhang auf, heißt es deshalb auch, sorgfältig zu hinterfragen, ob der eingeschlagene Weg ans Ziel führt oder ob nicht die Rücksicht auf körperliche Beschränkungen jetzt wichtiger ist. So kann eine Triebfeder des Lebens auch darin bestehen, sich den Zweck einer scheinbar sinnlosen Erkrankung bewusst zu machen und sich entsprechend zu verhalten. Vielleicht gibt es ja andere Möglichkeiten, die den gleichen Zweck erfüllen und damit die Krankheit überflüssig machen.

Das Schaf

◉ *Schamanisches Krafttier*

Das Schaf ist im Schamanismus der Wächter des Nordens und damit der Zeit des Erwachsenseins und des Dienstes an der Gemeinschaft. Dies ist vergleichbar mit jenen Kulturen, die das Schaf vor allem als Symbol der Fruchtbarkeit und der Hingabe an die Gemeinschaft verstehen. Vielleicht wurde es aus diesem Grund überall ein beliebtes Opfertier. Wobei weniger die Opferhaltung im Vordergrund steht, sondern eher die Bereitschaft, die eigenen Fähigkeiten zum Wohle aller einzusetzen.

Qualitäten:	Nächstenliebe und Verantwortung für die Gemeinschaft
Kraftphase:	Winter
Botschaft:	Geben ist seliger als Nehmen
Begleiter in Krisen:	Ein Garant für die eigenen Fähigkeiten
Begleiter auf Lebenszeit:	Eine Waage zwischen Durchsetzungsbereitschaft und Hingabe

Das Schaf

Allerdings besteht das Schaf im Schamanismus aus einem zweiten Aspekt, der sich in anderen Kulturen weniger ausgeprägt findet: der Durchsetzungsbereitschaft. Ein Schaf hat seinen eigenen Willen und lässt sich weder bereitwillig abschlachten noch zu irgendetwas nötigen, was aus seiner Perspektive keinen Sinn ergibt. Insofern ist die christliche Sicht auf das Opferlamm Gottes mehr ein Anklang an heidnische Traditionen als ein allgemeingültiger Archetyp.

Taucht ein Schaf als Krafttier auf, sollte man sich vor allem folgende Fragen stellen: Was habe ich zum Funktionieren meiner Gemeinschaft beigetragen? Was ist im übertragenen Sinn meine Wolle und meine Milch, die ich abtreten kann, um andere zu nähren und zu wärmen – ohne mir selbst dabei zu schaden?

Gleichzeitig stellen sich aber auch Fragen nach den eigenen Standpunkten, die ich aus Einsicht und Erfahrung durchsetzen möchte. Bin ich dabei vielleicht zu dickköpfig? Oder habe ich es bisher versäumt, den anderen meine Gründe für meine Haltung zu kommunizieren?

Im Grunde erinnert uns das Schaf immer wieder daran, dass wir Teil einer Gemeinschaft sind und Egoisten dort nur einen begrenzten Platz haben können. In dem Augenblick, in dem ich meinen Beitrag leiste, sorge ich letztendlich auch für mich selbst und bin bereit für den nächsten Schritt in Richtung spirituelles Wachstum. Denn das ist die nächste Phase im indianischen Entwicklungsmodell des Medizinrades, ein Stadium, das man nur aus der Position des Schafes erreichen kann.

Geld *und Karriere*

Das Schaf erinnert uns an unsere Fähigkeiten, die es jedem Einzelnen von uns ermöglichen, ein sorgenfreies Leben zu finanzieren. Es mahnt aber auch, diese Fähigkeiten nicht eigennützig einzusetzen, sondern sie in den Dienst einer übergeordneten Gemeinschaft zu stellen. Als Krafttier in beruflichen Situationen fragt das Schaf ganz klar nach dem Nutzen für alle. Wobei einen dieses Krafttier sehr klar dabei unterstützt, den Unterschied zwischen Hingabe und Selbstaufgabe zu verstehen.

Beziehungen *und Familie*

Für Beziehungen ist das Schaf als Krafttier ein ganz zentraler Faktor. Es unterstützt einen dabei, sich als Teil einer Gruppe mit den dazugehörenden Verantwortungen zu erleben. Darüber hinaus ist es aber auch ein Garant für die eigenen Standpunkte und Perspektiven, denn es stärkt unsere Durchsetzungsfähigkeit und schärft unser Gefühl für unangemessene Opferbereitschaft.

Gesundheit *und Körper*

Das Schaf steht an und für sich für eine robuste Gesundheit, der auch die sogenannte Schafskälte nichts anhaben kann. Taucht es als Krafttier in gesundheitlichen Belangen auf, so wärmt und nährt es uns mit seiner fürsorglichen Energie. Es ist so etwas wie ein unsichtbarer Pullover, den unsere Seele überstreift, um unseren Körper gegen die Folgen der ihn umgebenen Gefühlskälte zu schützen. Auf Dauer sollten wir uns allerdings fragen, wo die Quellen für diese Kälte in unserem Leben liegen. Das Schaf hilft uns nicht zuletzt auch dabei, diese zu beseitigen.

Der Wolf

◉ *Schamanisches Krafttier*

Die schamanische Interpretation des Wolfs ist eine ganz andere als die in anderen Mythen vorherrschende. Für die Indianer ist er kein gefährliches Raubtier, nicht mit dem Teufel im Bunde und kein Todfeind des Menschen.

Von ihm geht keine Gefahr aus. Ganz im Gegenteil. Der Wolf gilt als Lehrer und Weggefährte, der den Menschen durch die Widrigkeiten des Lebens führt, sie dabei mit allen möglichen Gefahrenquellen vertraut macht und sie so schrittweise stärkt. Als Krafttier erscheint er vor allem als Einzelgänger in der Gestalt des alten, grauen Wolfes.

Er gilt als unerbittlicher Lehrer, der seine Schüler bis zum Äußersten fordert. Der ihnen aber auch immer hilfreich zur Seite steht, wenn es nicht mehr weiterzugehen scheint.

Die Sinne des Wolfes sind unheimlich scharf. So riecht und hört er sehr viel besser als der Mensch und kann daher sehr gut zwischen wirklicher und eingebildeter Gefahr unterscheiden. Auch das macht ihn zu einem hervorragenden Lehrmeister und Weggefährten in Zeiten der Krisen und inneren Kämpfe, der den Menschen dabei unterstützt, Informationen aus dem Unterbewusstsein in sein Bewusstsein zu holen.

Taucht der Wolf als Krafttier auf, so bedeutet dies unweigerlich, dass man mit seinem inneren Lehrmeister Kontakt aufnimmt, um die nächsten ganz großen Entwicklungsschritte im Leben zu meistern. Oft führt er einen von der nicht alltäglichen Wirklichkeit der unteren Welt in jene der oberen, wo wir auch anderen wohlmeinenden Spirits begegnen.

Manchmal entpuppt sich übrigens auch er als Trickster und lässt uns aus unseren Fehlern und Lächerlichkeiten lernen. Meist begnügt er sich aber mit der Rolle des weisen, aufmerksamen Begleiters, der jene innere Sicherheit und Selbstkritik zur Verfügung stellt, die wir zum Lernen brauchen. Dabei lehrt er uns, auch auf die scheinbar unwichtigen Signale in unserer Umgebung zu achten und selbst in dem Flügelschlag eines Schmetterlings jene Ursache zu erkennen, die in Asien die Reisernte auf den Feldern verfaulen lässt.

Geld *und Karriere*

In geschäftlichen Belangen ist der Wolf ein instinktsicherer Verbündeter, der einen klar zwischen vermeintlichen und echten Risiken unterscheiden lässt. Mitunter führt er seine Schützlinge auch durch Phasen des Misserfolges, aber nur, um sie daraus stärker und erfolgreicher als zuvor hervorgehen zu lassen. Mit einem Wolf an der Seite kann man sich bedenkenlos auf Job- oder Berufswechsel einlassen und dabei lernen, der eigenen Intuition immer besser folgen zu können.

Qualitäten:	Wohlwollender Schutz, instinkt-sichere Entscheidung und Weisheit
Kraftphase:	Das ganze Jahr
Botschaft:	Trau dich, du kannst es!
Begleiter in Krisen:	Ein kräftiger Beschützer
Begleiter auf Lebenszeit:	Der geduldige Lehrer und Wegbereiter

Der Wolf

Beziehungen *und Familie*

Als familienfreundlich kann man den Wolf nicht unbedingt bezeichnen. Oft begleitet er den Menschen durch eine Phase des „einsamen Wolfes", die aber notwendig sein kann, um danach wieder gut integriert in einer Gemeinschaft leben zu können. Von Natur aus verlangt er keine Einsamkeit, aber er weiß, dass sie manchmal für die persönliche Reife notwendig ist.

Gesundheit *und Körper*

Taucht der Wolf als Krafttier in Phasen gesundheitlicher Krisen auf, geht es um Urvertrauen und die Gewissheit, dass man alle vom Leben gestellten Aufgaben zu meistern versteht. Der Wolf ist an sich schon eine heilende Kraft, Wolfsmedizin in Form der Unterstützung durch dieses Krafttier sorgt für Mut und Zuversicht. Mit dem Wolf an der Seite sind die Chancen groß, nach durchstandener Krankheit künftig instinktsicher krank machenden Bedingungen aus dem Weg zu gehen.

Der Affe

◎ *Krafttier des chinesischen Tierkreises*

Der Affe taucht in so gut wie allen Kulturkreisen dieser Welt auf. Kein Wunder, blickt der Mensch doch bei ihm in ein ganz besonders deutliches Spiegelbild. Die Chinesen sehen den Affen als vielseitigen, neugierigen und beweglichen Gesellen, vielleicht nicht unbedingt besonders tiefsinnig, aber immer voller guter Ideen und Geistesblitze. Er hat immer etwas zu tun, verfällt dabei aber nie in tierischen Ernst. Mit seinem sonnigen Gemüt

Qualitäten:	Spaß, Beweglichkeit und Kreativität
Kraftphase:	Sommer und Herbst
Botschaft:	Lachen ist die beste Medizin
Begleiter in Krisen:	Lockt den Erstarrten aus der Unbeweglichkeit
Begleiter auf Lebenszeit:	Ein Motor der Kreativität und Flexibilität

Der Affe

kann er auch große Sorgenwolken, die am Horizont seiner Mitmenschen aufziehen, vertreiben. Manchmal übertreibt er es allerdings und geht der Umgebung als exzentrischer Possenreißer unendlich auf die Nerven. Ihn selbst stört das jedoch wenig. Wer seine Witze nicht versteht, soll halt „in den Keller lachen gehen", scheint er sich zu denken und wendet sich ab, um nach einem dankbareren Publikum Ausschau zu halten.

Affen sind bei aller Individualität keine Einzelgänger. Denn wer sollte über seine Einfälle lachen, wenn er alleine wäre? Als Gruppentier sind ihm die Gesetze des Miteinanders vertraut, er baut soziale Bindungen auf, rangelt aber auch um Einfluss und Macht. Wird ihm langweilig, versucht er erst neue Ideen in die Gruppe zu tragen, bevor er sich auf

den Weg macht, um interessantere Mitspieler zu finden.

In unserem christlich geprägten, europäischen Kulturkreis gilt der Affe hingegen als Sinnbild für negative menschliche Eigenschaften wie Unfug, Frechheit, Schamlosigkeit, Hinterlist übertriebene Neugierde, und Geilheit. Luther hält die Affen sogar für „besiegte Teufel", heißt es im Symbole-Lexikon zu den ursprünglichen Zuschreibungen unseres Kulturkreises für den Affen.

Die Negativzuschreibungen kommen ganz eindeutig aus der lustfeindlichen Geisteshaltung der christlichen Kirchen. Spaß war fast schon zwingend mit Sünde verknüpft; statt zu lachen sollten die Menschen lieber vor (Gottes-)Furcht erstarren und Zuflucht in der Kirche suchen. Denken wir dagegen an unsere eigenen, ganz persönlichen Erfahrungen mit Affen und erinnern uns an unsere Gedanken als Kinder bei einem Besuch im Zoo, dann fallen uns auch Zuschreibungen wie Spaßmacher, Imitator und Künstler ein.

Geld *und Karriere*

Affen erreichen, was sie wollen – und zwar auf eine für sie möglichst unterhaltsame und angenehme Art und Weise. Sie steuern ihre Ziele mit viel Kreativität an und sorgen bei aller Zielstrebigkeit dafür, dass der Spaß nicht zu kurz kommt. Taucht ein Affe als Krafttier auf, kann dies auch der Hinweis darauf sein, sich einmal mit dem Glaubenssatz „Erst die Arbeit, dann das Vergnügen" auseinanderzusetzen. Der Affe will nämlich beides – und zwar gleichzeitig.

Beziehungen *und Familie*

Grundsätzlich ist auch der Affe als Krafttier ein soziales Wesen. Er braucht die Gruppe, das soziale Beziehungsnetz und den Kontakt zu anderen. Allerdings ist ein Affe in Beziehungsfragen eher eine Hilfe, den Freundeskreis wahrzunehmen, zu pflegen und auszubauen, als ein Motor in Sachen Liebe und Zweisamkeit. Aber ein funktionierender Freundeskreis hat schon vielen über Liebeskummer hinweggeholfen. Und das ist schließlich auch von Bedeutung.

Gesundheit *und Körper*

Affen sind sorglose Geschöpfe, die optimistisch und voller Freude durchs Leben gehen. An und für sich wären das ideale Voraussetzungen, um körperlich fit und geistig rege zu bleiben. Der Affe übertreibt seine Sorglosigkeit nur immer wieder und provoziert damit schwerwiegende Erkrankungen. Als Krafttier in Zeiten der gesundheitlichen Krise hilft der Affe, den Humor nicht zu verlieren und auf die Kraft des Lachens als Medizin zu setzen.

Der Büffel

🌀 *Krafttier des chinesischen Tierkreises*

Um den Charakter des Büffels zu erfassen, erinnern wir uns zunächst an die Sage vom sterbenden Buddha. Alle Tiere hatte er an sein Sterbebett gerufen und nun wartete er darauf, welche ihm tatsächlich die letzte Ehre erweisen würden. Als einer der schnellsten machte sich der Büffel auf den Weg; und er wäre auch tatsächlich als Erster beim Erleuchteten gewesen, wäre er nicht von der listigen Ratte ausgetrickst worden.

Die hatte das gutmütige Tier nämlich in ein Gespräch verwickelt, um sich unbemerkt in seinem Fell zu verstecken und sich den weiten Weg tragen zu lassen. Kurz vor dem Ziel sprang die Ratte ab und flitzte an dem erstaunten Büffel vorbei. So wurde er um das Vorrecht betrogen, die Reihe der Jahresregenten anzuführen.

Der Büffel ließ den Betrug ruhig geschehen – ganz anders als die Katze, die von der Ratte ganz daran gehindert wurde, der Einladung des Erleuchteten zu folgen. Sie – so berichtet die Sage – rächt sich bis zum heutigen Tag an der Ratte, indem sie deren Jungtiere gnadenlos verfolgt und frisst.

Muss man mehr erzählen, um die Gutmütigkeit des Büffels zu beschreiben? Eine Gutmütigkeit, die ihn selbst dann noch kooperativ und einsatzbereit bleiben lässt, wenn er den Betrug bereits wittert oder wenn die Ergebnisse unverrückbar auf dem Tisch liegen. Der Büffel verfolgt geduldig seinen Weg, wenn er die einmal eingeschlagene Richtung als richtig erkannt hat. Daran können andere nichts ändern, auch wenn sie ihn ausnutzen oder probieren, ihn auf andere Fährten zu locken.

Übrigens erzählen auch die indianischen Kulturen von der Gutmütigkeit des Büffels, der beispielsweise in der Geschichte von „Springender Maus" dem Mäuserich auf der Suche nach dem Sinn des Lebens Schutz vor den Gefahren der Prärie gewährt. In dieser Parabel wird seine spirituelle Kraft deutlich, die ihre Quelle in dem Erkennen des großen Ganzen der göttlichen Ordnung findet.

Geld *und Karriere*

Der Büffel signalisiert in beruflicher Hinsicht Reichtum und Fülle, allerdings auch Selbstdisziplin und Einsatzbereitschaft. Bereitwillig beugt er sich den alltäglichen Pflichten. Aber das tut er nicht bedingungslos. Gleichzeitig besteht er darauf, dass seine Umgebung die universelle Ordnung ebenso respektiert, wie er das selbst tut. Er lehrt Dankbarkeit mit dem, was ist – und Bescheidenheit mit dem, was sein könnte. Insofern ist ein Büffel als Krafttier auch eine Erinnerung an die guten Seiten unseres Berufs und ein Einmahner der damit übernommenen Verpflichtungen.

Qualitäten:	Kraft, Beständigkeit und Disziplin
Kraftphase:	Winter
Botschaft:	Du schaffst alles, was du wirklich willst
Begleiter in Krisen:	Hilft, einen Ausweg aus einer scheinbar aussichtslosen Situation zu finden
Begleiter auf Lebenszeit:	Schutzherr einer ruhigen, gleichmäßigen Entwicklung

Der Büffel

Beziehungen *und Familie*

Büffel als Krafttiere helfen uns, auch schwierige Partnerschaften durch Gutmütigkeit und gelassene Ruhe zu einem guten Ende zu führen. Dank seiner Geduld wird er daher auch aus einer weniger idealen Verbindung im Laufe der Jahre das Beste machen. Seinen wahren Bedürfnissen entsprechen romantische Liebe und tiefe Freundschaft. Ihm ist eine vertrauensvolle Beziehung, in der man sich ohne große Worte versteht und blind vertrauen kann, viel lieber als emotionale oder erotische Rauschzustände. Die irritieren ihn nur. Stattdessen sehnt er sich nach ruhiger Zweisamkeit und nach Zärtlichkeit. Übrigens lassen sich Büffel gerne verwöhnen.

Gesundheit *und Körper*

Der Büffel ist eine stattliche Erscheinung, dem es offensichtlich an nichts mangelt. Allerdings ist er psychisch ebenso empfindlich, wie er körperlich stark scheint. Taucht er als Krafttier in gesundheitlichen Fragen auf, will er an die psychische Komponente körperlicher Gesundheit erinnern. Wo übernehmen wir uns körperlich und achten wir nicht auf den Einklang mit unseren psychischen Bedürfnissen? Wo wollen wir stärker scheinen, als wir in Wahrheit sind? Außerdem erinnert uns der Büffel daran, dass wir unseren Körper regelmäßig bewegen müssen, um ihn flexibel zu erhalten.

Der Drache

Krafttier des chinesischen Tierkreises

Im chinesischen Kulturkreis ist der Drache der Inbegriff von Macht und Glück. Er gilt als Vertreter der fünf wichtigsten chinesischen Tugenden: Harmonie, Rechtschaffenheit, Vorbildfunktion, wirtschaftliche Gesundheit und Langlebigkeit.

Wen wundert es da, dass der Drache als der Glücksbringer des Chinesischen Tierkreises fungiert, der auch unter den anderen Glückspilzen, wie der Ratte, dem Tiger und dem Schwein, eine herausragende Stellung einnimmt. Der Drache ist jenes Zeichen,

Qualitäten:	Macht, Glück und die Überwindung von Zeit und Raum
Kraftphase:	Das ganze Jahr
Botschaft:	Überwinde deine persönlichen Grenzen, denn erst dahinter liegt die wahre Entfaltung
Begleiter in Krisen:	Ein Anwalt der Selbstdisziplin
Begleiter auf Lebenszeit:	Ein Aktivator aller positiven Gaben des Menschen

Der Drache

das die Beschränkungen des bislang Möglichen sprengt und zum Repräsentanten einer neuen Qualität wird. Die Gesetze von Zeit und Raum scheinen für ihn nicht mehr zu gelten und er überwindet die Gesetze der materiellen Welt, um besonders erfolgreich, mächtig und glücklich dorthin zurückzukehren.

Vergänglichkeit spielt für Drachen kaum eine Rolle. Was sie erreichen, ist von Dauer. Deshalb gelten sie auch als besonders beständig, ohne dass diese Beständigkeit – wie etwa beim Büffel – eine besondere Entsprechung in ihrem Charakter findet.

In unseren Breiten ist der Drache dagegen der Gegenspieler des Guten und verkörpert den Pakt mit dem Teufel. „Drachentötermythen (Indra, Zeus, Apollo, Siegfried, Georg) versinnbildlichen die Überwindung der ungebändigten Naturgewalt durch den geistig hoch stehenden Menschen. Drachen stehen somit für das tierische, vorzeitliche Chaos, das nur durch Disziplin und Kraft überwunden werden kann. In vielen Märchen und Sagen tritt der Drache auch als Bewacher einer schönen Königstochter oder eines Schatzes auf. Er symbolisiert damit eine Prüfung, die der Held bestehen muss", heißt es etwa im Symbole-Lexikon. Nur in Ausnahmefällen bewirken sie in unseren Mythen etwas Positives. Und auch da gilt: Nur ein toter Drache ist ein guter Drache – so wie jener, in dessen Blut der Recke Siegfried badete, um unverwundbar zu werden.

Doch was heißt dies nun, wenn ein Drache als Krafttier auftaucht? Wie bei allen Krafttieren immer etwas Positives und daher ist die Wirkung des Krafttieres der asiatischen Erklärungswelt deutlich näher als der europäischen.

Der Drache ist wie eine Verheißung, ein Versprechen auf jenes Glück, das uns erwartet, wenn wir die selbst gemachten Grenzen überwinden. Dazu braucht man aber viel Selbstdis-ziplin. Und zwar auf körperlicher Ebene ebenso wie auf mentaler und emotionaler. Und das hinterfragt der Drache auf manchmal schonungslose Art und Weise.

Geld *und Karriere*

Unter Einwirkung von Drachen-Ener-gie scheint jede Saat aufzugehen und alles in äußerster Fruchtbarkeit zu erblühen. Manchmal wollen die Dinge aber nicht gelingen und trotzdem taucht ein Drache auf. Dann gilt es sich selbst bezüglich der angespro-chenen chinesischen Tugenden zu hinterfragen: Harmonie, Rechtschaf-fenheit und Vorbildfunktion sind die Grundlagen, die sich dann n äußerem wie innerem Reichtum äußern.

Beziehungen *und Familie*

Der Drache hat auch in Familien- und Beziehungsfragen eine glückliche Hand. Allerdings beansprucht Dra-chenenergie die absolute Vorherr-schaft in den eigenen vier Wänden und darüber hinaus im Freundeskreis. Das sollte man durchaus auch kritisch hinterfragen, wenn ein Drache als Krafttier auftaucht.

Gesundheit *und Körper*

In Gesundheitsfragen weist der Dra-che oftmals darauf hin, dass man sich scheinbar verwundet in seine Dra-chenhöhle zurückgezogen hat, um seine Wunden zu lecken. In solchen Augenblicken geht es darum, wieder aufzutauchen und am öffentlichen Leben teilzuhaben. Denn im Grunde kann die Drachenenergie nur dort ihre heilende Wirkung entfalten.

Der Hahn

🌀 *Krafttier des chinesischen Tierkreises*

Um den Hahn als Krafttier besser zu verstehen, sollte man sich zunächst mit der Symbolik beschäftigen. „Vielen geht er ganz schön auf die Nerven, wenn er frühmorgens mit seinem Krähen den geruhsamen Schlaf rapide beendet. Andere wiederum atmen auf, denn sie wissen, wenn der Hahn kräht, geht die Sonne auf und die dunklen Gedanken gehören der Vergangenheit an", heißt es im Symbole-Lexikon. Und weiter: „Wegen seines Naheverhältnisses zum anbrechenden Tag symbolisiert das Sonnentier Hahn die Überwindung der Finsternis. Außerdem steht er für Wachsamkeit. Natürlich ist der Hahn dank seines starken Fortpflanzungstriebes auch ein Zeichen für Fruchtbarkeit. Und wer kennt nicht den Ausspruch ‚eitler Gockel'?

Dieser deutet auf den Stolz des Hahnes hin, auf seinen aufrechten Gang und sein übersteigertes männliches Verhalten, das sich oftmals auch in Aggressivität und Kampfeslust zeigt. Außerdem ist er wegen seines roten Kammes und seines schillernden Federkleides ein Sinnbild für das Feuer und die Sonne."

Fassen wir also noch einmal zusammen: Überwindung der Finsternis, Neuanfang und Fruchtbarkeit, aber auch Wachsamkeit, Stolz und Kampfeslust sind die Zuschreibungen

zum Herrn im Hühnerstall. Aber wie sehen die Chinesen dieses Wesen? Oder die indigenen Völker Amerikas? Im Grunde nicht viel anders als wir. Wobei sie dem Hahn auch noch eine scharfe Beobachtungsgabe, gepaart mit guten analytischen Fähigkeiten, bescheinigen. Deshalb behält er auch immer den Überblick.

Taucht der Hahn in Ihrem Leben als Krafttier auf, profitiert man von seiner fürsorglichen, nährenden und anderen Lebewesen zugewandten Energie. Er kräht aus vollster Brust und zeigt damit seine Lebensfreude und seinen Optimismus. Darüber hinaus darf man mit einigen exzentrischen Impulsen ebenso rechnen wie mit viel Farbe. Dass er diese Lebenskraft auch in die eine oder andere klärende Auseinandersetzung investiert, macht ihn als Krafttier umso wertvoller.

Geld *und Karriere*

Mit dem Hahn als Krafttier werden Sie vielleicht keine steile Karriere starten. Sie können aber sicher sein, dass er Sie immer dabei unterstützt, das Notwendige im Leben zur Verfügung zu haben und dabei nicht die Lebensfreude und den Optimismus zu verlieren. Er ist ein Meister eines

zwischen Arbeit und Freizeit ausbalancierten Lebens. Besonders wenn Sie ein prestigeträchtiges Projekt oder eine gesellschaftliche Herausforderung zu bewältigen haben, ist der schillernde Hahn ein idealer Begleiter, dem das Ganze auch noch Spaß zu machen scheint.

Qualitäten:	Fruchtbarkeit, Lebensfreude und eine Prise Exzentrik
Kraftphase:	Das ganze Jahr
Botschaft:	Jeder Tag ist der erste Tag deines neuen Lebens
Begleiter in Krisen:	Schenkt Optimismus und Lebensmut
Begleiter auf Lebenszeit:	Ein Verstärker der hellen Seiten des Lebens

Der Hahn

Beziehungen *und Familie*

Der Hahn, als Chef des Hühnerhofes, steht einem geordneten Hauswesen gegenüber, in dem alle satt werden. Als Krafttier unterstützt er den von ihm begleiteten Menschen dabei, eine Familie zu gründen und sich ein gemütliches, allen Bedürfnissen gerecht werdendes Heim zu schaffen. Im Freundes- und Bekanntenkreis ist er darüber hinaus eine Hilfe, damit alle den ihnen zustehenden Platz bekommen und Hackordnungskämpfe schnell beigelegt werden.

Gesundheit *und Körper*

Auf körperlicher Ebene ist der Hahn als Krafttier vor allem ein Tröster bei depressiven Verstimmungen. Er holt Sonne und Licht in den Körper, was sich letztlich auch positiv auf die Gemütslage auswirkt. Außerdem hilft er bei der Regeneration nach schweren Erkrankungen und steigert die Immunabwehr in Phasen außergewöhnlicher Belastung.

Der Hase

◉ *Krafttier des chinesischen Tierkreises*

Die Chinesen sehen den Hasen als friedliebenden und häuslichen, harmoniebedürftigen Glückspilz mit Ehrgeiz. Meist gelingt es ihm mit wohlgesetzten Worten, Streitereien zu schlichten und in seiner Umgebung Harmonie zu erzeugen. Er ist ein ausgezeichneter Diplomat, der dank seiner sozialen Intelligenz tragfähige, von allen zufrieden akzeptierte Kompromisse schaffen kann. Sein großes Herz und seine Intelligenz führen über das Verstehen der anderen hinaus zu einer großen Liebe zu

Qualitäten:	Harmonie, Diplomatie und künstlerisches Geschick
Kraftphase:	Sommer und Herbst
Botschaft:	Streiten lohnt nicht
Begleiter in Krisen:	Ein Botschafter des guten Willens
Begleiter auf Lebenszeit:	Ein feinfühliger Seismograph für die großen und kleinen Erschütterungen des Lebens

Der Hase

den Menschen und zur Welt. Daher ist besonders häufig Hasenenergie im Spiel, wenn sich Menschen zu Familien oder Wahlfamilien zusammenschließen. Sie sind aber auch sehr naturverbunden, und das ganz ohne romantische Schwärmerei.

Und wie sieht unsere Kultur den „Meister Lampe"? „Der Hase ist das Sinnbild für das Erwachen der Natur und die Liebestollheit, aber auch für die Fruchtbarkeit und das Osterfest, weshalb man ihn auch mit einem anderen Fruchtbarkeitssymbol, dem Ei, in Verbindung brachte. Bis heute hielt sich der daraus entstandene Brauch vom Eier legenden Osterhasen. Überdies steht er wegen seiner Schreckhaftigkeit für Angst und Feigheit." Bei dieser Symbolik gehen in unserem Kulturkreis übrigens Hase und Kaninchen durcheinander. Denn im Grunde ist das Kaninchen der

Fruchtbarkeitsbringer, während der Hase eher für Vorsicht steht.

Taucht der Hase als Krafttier auf, so sind Gemeinschaft und fruchtbare Kooperation angesagt. Er unterstützt die von ihm begleiteten Menschen dabei, ihr kreatives, künstlerisches Potenzial zu entfalten, und verschafft ihnen damit oft ein wirksames Ventil für ihr Gefühlsleben, das sonst leicht zu kurz kommt.

Zugleich ist der Hase auch vorsichtig und bedacht. Er dient daher dem Menschen als Warnsensor für Dinge, die in seiner Umgebung nicht stimmen. Und auch da verhilft er dem Menschen zu einer besonderen Qualität. Durch die diplomatischen Energien des Krafttieres kann der Betroffene sein Unbehagen auf eine angemessene Art äußern und muss nicht – wie der Hase in der Natur – einen Haken schlagen und flüchten.

Geld *und Karriere*

In geschäftlichen Angelegenheiten ist der Hase als Krafttier vor allem dann von Nutzen, wenn es um diplomatisches Fingerspitzengefühl und einen instinktsicheren Umgang mit möglichen Gefahrenquellen geht. Er scheint ein guter Finanzberater zu sein, denn er begleitet die Menschen sehr erfolgreich bei Investitionsentscheidungen und ähnlich heiklen Geldangelegenheiten. Außerdem sorgt er für ein gutes Betriebsklima, was den geschäftlichen Erfolg zusätzlich fördert.

Beziehungen *und Familie*

Der Hase ist als Krafttier in Beziehungs- und Familienangelegenheiten besonders dann von unschätzbarem Wert, wenn es um Zuverlässigkeit, Treue und Loyalität geht. Er baut ein weiches Nest und schützt seine Familie so gut es geht vor den Einflüssen der Umwelt. In Familienkrisen sollte man sich daher auch durch den Hasen als Krafttier die Frage stellen lassen, wo es bei einem selbst an der nötigen Loyalität mangelt.

Gesundheit *und Körper*

Das Hasenherz ist sprichwörtlich schwach. Das heißt allerdings nicht, dass ein Hase als Krafttier auf Herzprobleme hindeutet. Im Gegenteil, ist er doch in seiner Funktion als Energie- und Kraftquelle die Medizin fürs Herz. Er bringt die Botschaft, sich nicht alles zu Herzen zu nehmen. Und erinnert auf seine augenzwinkernde Art und Weise an die Bedeutung von leichtem Ausdauertraining für die Verhinderung von Herz-Kreislauf-Erkrankungen.

Der Hund

◎ *Krafttier des chinesischen Tierkreises*

Der Hund ist seit Menschengedenken einer der wichtigsten Begleiter des Menschen. Er unterstützt ihn auf der Jagd, schützt sein Heim und leistet ihm mit seiner treuen Ergebenheit jene Gesellschaft, nach der sich der Mensch sehnt. Instinktsicher wittert er Gefahr, noch lange bevor sich der Mensch dieser bewusst wird, und zeigt dann deutlich seine Verteidigungsbereitschaft. Seine hündische Ergebenheit ist sprichwörtlich, er beißt seinen Herrn auch dann nicht, wenn ihn dieser schlecht behandelt.

Andererseits vergisst er aber auch nie, wenn ihm jemand etwas Gutes getan hat.

So ist es nicht weiter verwunderlich, dass der Hund sehr unterschiedliche Aspekte in sich vereint: Einerseits gilt er als geselliger Spielgefährte und Kamerad, andererseits als durchsetzungsfähiger, treuer und einsatzbereiter Kampfgefährte, der sein eigenes Leben bedingungslos für seinen Herrn aufs Spiel setzt.

Taucht ein Hund als Krafttier auf, gibt sein äußeres Erscheinungsbild Aufschlüsse über den besonderen Aspekt, den er in Ihr Leben bringen will. Ist er klein oder groß, hell oder dunkel, jung oder alt? Es kann sein, dass er groß und auf den ersten Blick furchterregend wirkt. Aber keine Sorge, das Krafttier ist immer hilfreich und wohlgesonnen.

Als langfristiger Begleiter unterstützt er den Menschen dabei, seine Instinkte zu nutzen und sich den Chancen und Herausforderungen des Lebens mutig zu stellen. Als kurzfristiger Begleiter will er den Menschen in schwierigen Zeiten dabei unterstützen, sich durchzusetzen. Er ermuntert ihn dazu, der Welt im übertragenen Sinn die Zähne zu zeigen, ohne dabei übertrieben angriffslustig zu werden oder die notwendigen Ruhephasen zu vernachlässigen. Denn einen guten Platz vor dem heimischen Kamin weiß ein Hund genauso zu schätzen wie die Jagd und den Kampf.

Hin und wieder kommt noch ein dritter Aspekt ins Spiel: vor allem der große, schwarze Hund gilt als Wächter zwischen den Welten. Er ist der Mittler zwischen dem Leben des Einzelnen und einer höheren, spirituellen Ordnung, die sich erst im Reich der Toten erschließt. Erscheint der Hund als Krafttier in dieser Gestalt, so kann man ihn auch als Botschaft verstehen, sich mit dem Sinn des eigenen Lebens auseinanderzusetzen.

Geld *und Karriere*

Mit einem Hund als Krafttier kann man beruflich etwas wagen, unterstützt er den Menschen doch dabei, Gelegenheiten beim Schopf zu packen und zum eigenen Besten zu nutzen. Er verleiht „seinem" Menschen nicht nur Einsatzbereitschaft und Ausdauer, sondern auch den Instinkt für den richtigen Zeitpunkt und den Spürsinn für den richtigen Weg. Außerdem bringt er Wachsamkeit und die notwendige Entschlossenheit mit, um allen Eventualitäten trotzen zu können.

Qualitäten:	Loyalität, Einsatzbereitschaft
Kraftphase:	Das ganze Jahr
Botschaft:	Manchmal muss man Zähne zeigen
Begleiter in Krisen:	Verteidiger in Zeiten des Angriffs
Begleiter auf Lebenszeit:	Ein instinktsicherer Verbündeter

Der Hund

Beziehungen *und Familie*

Als besonders treuer, loyaler Vertreter des Tierreiches ist der Hund eine große Unterstützung im Aufbau und der Pflege langfristiger Beziehungen. Er kann dem Menschen als Vorbild dienen, was heißt, anderen mit einem Vertrauensvorschuss zu begegnen. In Beziehungskrisen hilft er aber auch, den Partner mit aller Deutlichkeit zu verteidigen und Nebenbuhler zu vertreiben.

Gesundheit *und Körper*

In gesundheitlichen Belangen ist der Hund als Krafttier ein Mahner für mehr Bewegung und maßvolles Essen. Er vermittelt die Freude an der Natur und die Kraft und Beweglichkeit des eigenen Körpers. Allerdings ermahnt er auch zu regelmäßigen Ruhephasen. Beruf und Freizeitaktivitäten sind eben nicht alles im Leben.

Das Pferd

 Krafttier des chinesischen Tierkreises

Um das Pferd in seinem Charakter zu erfassen, muss man es eigentlich nur auf einer Sommerweide beobachten. Üblicherweise stehen Pferde in losen Gruppen zusammen, wobei sich einzelne besondere Freundeskreise herauskristallisieren. Die meiste Zeit des Tages verbringen sie mit Grasen. Nur manchmal hebt eines den Kopf und wie von Wunderhand gesteuert rennt die ganze Gruppe davon. Meist ist noch nicht einmal Flucht der Auslöser, sondern ganz einfach der Spieltrieb. Vor allem Junghengste und Wallache

Qualitäten:	Führung, Kraft, Friedliebe
Kraftphase:	Das ganze Jahr
Botschaft:	Die Verbindung aus Leidenschaft und Treue bringt den Erfolg zur Welt
Begleiter in Krisen:	Ein Helfer, um Hindernisse niederzurennen
Begleiter auf Lebenszeit:	Ein Ordner des Lebens

Das Pferd

spielen für ihr Leben gern, wobei das auf Beobachter oft wie ernste Raufereien wirkt. Dabei wird nur ein wenig gerangelt, um die interne Rangordnung immer wieder aufs Neue zu klären. Meist sind jene Pferde, die besonders häufig raufen, auch besonders gute Freunde.

Stuten sind dagegen deutlich sicherheitsbewusster und beobachten den ganzen Tag ihre Umgebung, zumindest aus dem Augenwinkel. Sie raufen auch nicht ohne Grund, sondern haben meist ein bestimmtes Ziel vor Augen, das sie durchzusetzen versuchen. Legt eine Stute die Ohren an, sollte man als Mensch lieber auf Sicherheitsabstand gehen, um nicht mit den starken Zähnen in schmerzhaften Kontakt zu kommen.

Taucht ein Pferd als Krafttier auf, sollte man versuchen herauszufinden, ob es sich um einen Hengst oder eine Stute handelt. Hengste bringen vor allem den Spaß am Kräftemessen und der Rangelei ins Leben des von ihnen begleiteten Menschen. Wobei die zugrunde liegende Energie eine friedvolle ist. Bei Stuten geht es um echte Führung, die mit hohem Verantwortungsbewusstsein und viel Zärtlichkeit verknüpft ist.

Im chinesischen Bedeutungskontext bringt das Pferd auch den Wohlstand, denn im Vergleich mit dem Wasserbüffel ist es teuer in der Anschaffung und Haltung. Anders als der Büffel kann man mit ihm nicht nur die grundsätzlichen Transport- und Feldarbeiten erledigen, sondern besitzt den Luxus eines wendigen, schnellen Reittiers. Im Alltag erhebt es seinen Reiter über die zu Fuß gehenden Menschen und im Krieg erweitert es seinen Radius, seine Wendigkeit und seine Geschwindigkeit.

Daher symbolisiert das Pferd auch bei den Chinesen Manneskraft und kriegerischen Durchsetzungswillen und damit auch die klassischen militärischen Tugenden der Tapferkeit und des Edelmutes. Es repräsentiert aber auch (männliche) Schönheit, kraftvolle Eleganz und Tempo.

Geld *und Karriere*

Taucht ein Pferd in beruflichem Kontext als Krafttier auf, stehen Erfolg und Karriere auf dem Programm. Das Pferd weiß regelmäßige Bewegung zu schätzen und bringt Einsatzbereitschaft und Leistungswillen ins Spiel. Zusätzlich versorgt es den von ihm begleiteten Menschen mit einer unschätzbar wertvollen Eigenschaft: Es weiß, wie man mit seinen Kräften haushaltet. Dazu kommen seine natürliche Durchsetzungsbereitschaft und die Fähigkeit, in Führungsverantwortung zu gehen.

Beziehungen *und Familie*

Pferde-Energie bringt auch in das Beziehungsleben viel Schwung. Bei der Eroberung eines neuen Partners entfaltet man mit einem Pferd als Krafttier einen äußerst unwiderstehlichen Charme. Außerdem signalisiert man mit Hilfe dieser Energie eine so spezielle Mischung aus Leidenschaft und Treue, dass so gut wie jedes Herz zu schmelzen beginnt. Eines ist aber auch klar: Ein Mensch mit einem Pferd als Krafttier an seiner Seite beansprucht auch in der Beziehung die Führungsrolle.

Gesundheit *und Körper*

Die Jahrtausende der Nähe zum Menschen hat das Pferd anfällig für zivilisatorische Erkrankungen wie Fettleibigkeit, Asthma und Allergien gemacht, unter denen auch der Mensch zu leiden hat. In seiner ursprünglichen Energie als Krafttier bringt das Pferd jene energische Konsequenz, die man bei der Bekämpfung dieser Übel benötigt.

Die Ratte

◎ Krafttier des chinesischen Tierkreises

Um den Charakter der Ratte zu erfassen, erinnern wir uns an die Sage des sterbenden Buddha. Alle Tiere hatte er an sein Sterbebett gerufen und nun wartete er darauf, welches als erstes bei ihm sein würde. Und tatsächlich machten sich auch zahlreiche Tiere auf den Weg, unter ihnen die Ratte. Sie hatte sofort die Wichtigkeit erkannt und wollte daher als Erste beim Erleuchteten auftauchen. Aber wie sollte sie das schaffen, waren doch viel stärkere, ausdauerndere und flinkere Tiere ebenso auf dem Weg.

Zunächst hieß es, ihren größten Kokurrenten, die Katze, hinter sich zu lassen. Die Ratte besuchte also die Katze und erzählte ihr, dass der Erleuchtete am entgegengesetzten Ende der Welt auf sie warten würde. Die Katze vertraute ihrem Besucher, machte sich auf den Weg und verirrte sich völlig, sodass sie schlussendlich überhaupt nicht am Ziel ankam.

Ihren flinksten Gegner losgeworden, überlegte die Ratte weiter, wie sie ihr Ziel erreichen könnte, und kam auf eine weitere Idee. Sie besuchte den Büffel, plauderte mit ihm über alles Mögliche und verabschiedete sich dann scheinbar, um seinen Aufbruch zum Erleuchteten nicht weiter zu verzögern. In Wahrheit ging sie allerdings nicht wirklich weg, sondern kletterte auf den nächsten Baum. Von dort ließ sie sich in das dichte Nackenfell des Büffels fallen, versteckte sich dort und hielt sich während der ganzen Reise gut fest. Vielleicht hat der gutmütige Büffel wirklich nichts gemerkt, vielleicht war es ihm aber im Grunde auch egal, einen blinden Passagier bei sich zu haben. Er setzte sich in Bewegung und trabte schnell und ausdauernd zum Ziel. Kurz bevor er ankam, sprang die Ratte von seinem Rücken, eilte an ihm vorbei und traf so als Schnellste bei Buddha ein, um von ihm zum ersten Regenten eines Jahres erhoben zu werden.

Muss man mehr erzählen, um die Wirkung der Ratte als Krafttier zu beschreiben? Sie bringt eine Zielstrebigkeit, die sich nicht auf Kraft und Anstrengung gründet, sondern auf List – und wenn nötig auch mit einer guten Portion Aggressivität. Ratten helfen dem begleiteten Menschen dabei, die Dinge, die sie wirklich haben wollen, zu bekommen. Und sich von nichts und niemand dabei aufhalten zu lassen – weder von anderen Menschen noch von den eigenen Schwächen und Unzulänglichkeiten.

Geld *und Karriere*

Die Ratte und der Erfolg gehören wie die zwei Seiten einer Medaille untrennbar zusammen. Rattenenergie lässt uns erkennen, wie wir unsere Umgebung für unsere Ziele nutzen können, um bequemer zu bekommen, was wir wollen. Sie warnt uns aber auch davor, zu ruhelos und erfolgshungrig zu werden. Denn dann geht das zuvor Erreichte wieder verloren.

Qualitäten:	Zielstrebigkeit, Entschlossenheit, List
Kraftphase:	Herbst
Botschaft:	Wer seine Interessen in die Hand nimmt, steht nie mit leeren Händen da
Begleiter in Krisen:	Ein listenreicher Helfer, um sich durchzusetzen
Begleiter auf Lebenszeit:	Ein kontinuierlicher Begleiter beim Überwinden der eigenen Schwächen

Die Ratte

Beziehungen *und Familie*

In Beziehungsfragen macht uns die Ratte darauf aufmerksam, wenn wir allzu trickreich oder zu ruhelos am Werk sind. Denn das stört den Kreis der engeren Familie auf Dauer ebenso wie den erweiterten Freundes- und Bekanntenkreis. Läuft alles nach Wunsch, dann verstärkt die gesellige Ratte unsere Bemühungen nach zahlreichen Kontakten zusätzlich.

Gesundheit *und Körper*

Austricksen lässt sich unser Körper im Grunde nie. Sorgfältig spiegelt er uns unsere Gewohnheiten und Muster wider. Daher ist die Ratte als Krafttier in gesundheitlichen Fragen vor allem dann gefragt, wenn sie zu einer längerfristigen Begleiterin wird. Denn ihr fallen jene Mittel und Wege ein, wie wir trotz unserer Schwächen zum erwünschten gesundheitlichen Ziel kommen.

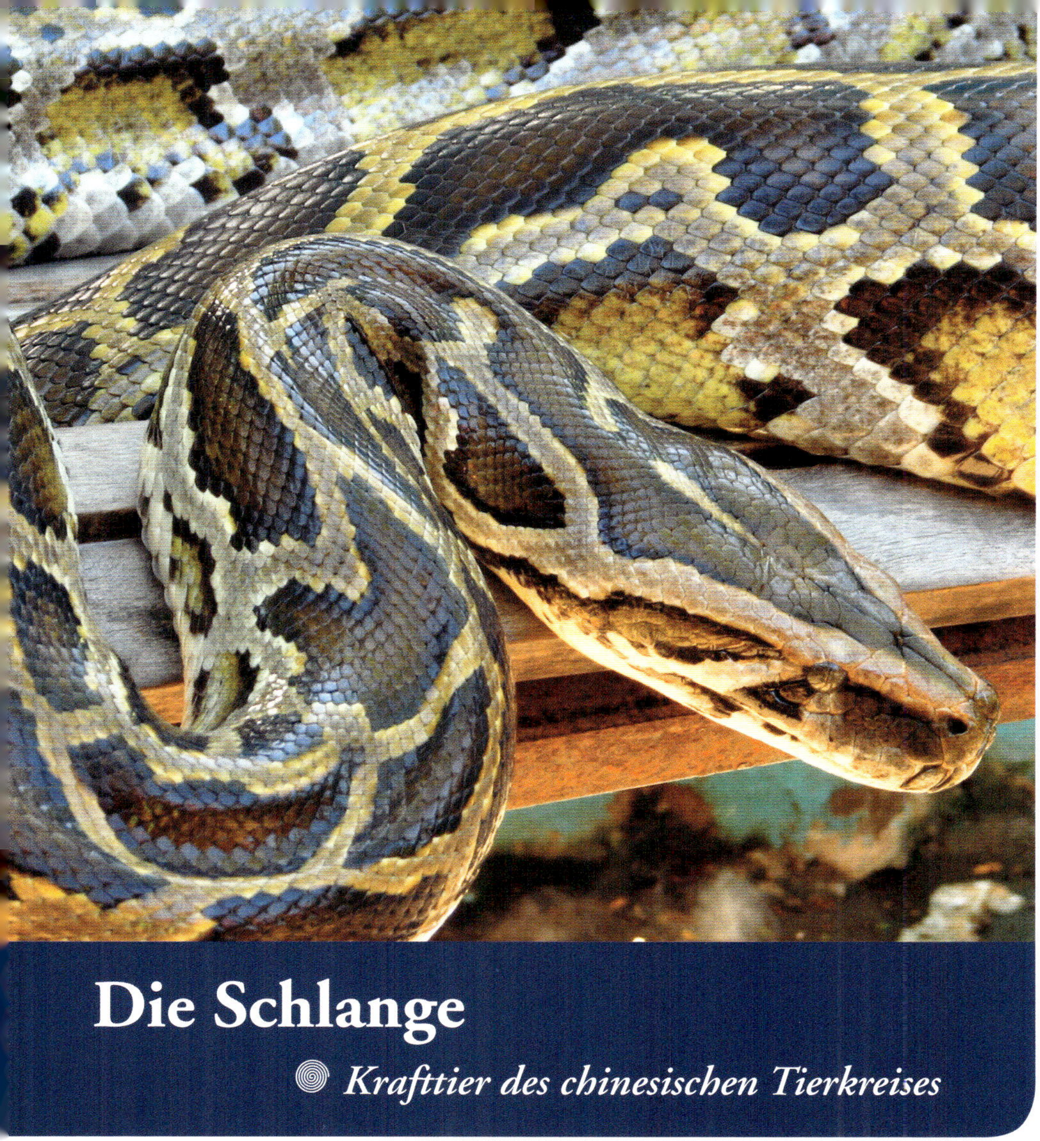

Die Schlange

◉ *Krafttier des chinesischen Tierkreises*

Die meisten Europäer zucken zusammen, wenn sie von Schlangen hören oder ihnen begegnen. Dabei sind die in unseren Breiten lebenden Exemplare relativ harmlos. Trotzdem ist die Schlange für uns mit dem Teufel im Bunde und böse.

In schamanischen Kulturen und bei den Chinesen ist die Schlange mit ihren Häutungen dagegen ein Zeichen des (spirituellen) Reifens sowie für wachsende Einsicht in die Zusammenhänge des Lebens. Übrigens wäre diese Symbolik auch bei

Qualitäten:	Entwicklung, Heilung, Neubeginn
Kraftphase:	Frühling
Botschaft:	Altes muss weichen, damit Neues wachsen kann
Begleiter in Krisen:	Ein Krieger der Transformation
Begleiter auf Lebenszeit:	Ein weiser Heiler und Helfer

Die Schlange

uns im Ansatz vorhanden. Schließlich ist es der Baum der Erkenntnis, von dem die Schlange Eva naschen lässt. Diesem Aspekt, dass der Mensch in voller Kraft seiner Erkenntnisfähigkeit ist, konnte die katholische Kirche nicht zustimmen. Und so blieb die Schlange ein Bote des Bösen.

Die Schlange ist im chinesischen Tierkreis eine Vertreterin des weiblichen Prinzips Yin, ihr Wesen ist demnach fruchtbar, nährend und fürsorglich. Sie nimmt die Dinge auf, gibt ihnen einen Nährboden für Wachstum und lässt sie reifen – aber auch wieder vergehen. Und das macht die Schlange auf ihre ganz spezielle, sehr kraftvolle Art und Weise. Sie gilt als Wesen, das Heilung bringt, das aber auch Altes zerstört, um Platz für Neues zu schaffen.

In dieser Funktion mag die Schlange nicht immer und auf den ersten Blick willkommen erscheinen. Sie zwingt zum Abschied, zur Lösung oder zu einem Abschluss, der durchaus schmerzhaft sein kann. Sie markiert den Übergang zu etwas Neuem, zunächst Unbekanntem und unter Umständen Angsteinflössendem. Unter dem Einfluss der Schlange als Krafttier kann der Mensch über sich selbst hinauswachsen und auf eine neue, höhere Ebene in der endlosen Folge von Entwicklungszyklen gelangen. Eine herausragende Eigenschaft der Schlangen-Medizin besteht darin, auf frühere Erfahrungen zurückgreifen zu können, ohne die Zukunft aus den Augen zu verlieren. Dies macht sie zu einer ganz besonderen, Orientierung stiftenden Inspirationsquelle.

Geld *und Karriere*

Als Krafttier stärkt die Schlange die Fähigkeit, die Außenwelt ebenso gut im Auge zu behalten wie das eigene Innenleben und dabei alles mit außerordentlicher Intensität zu erleben. Dadurch macht sie den von ihr begleiteten Menschen zu einem starken Visionär. Die Aktivitäten, die auf diese Weise entstehen, sind nie egoistisch, sondern berücksichtigen auch die Auswirkungen auf die Allgemeinheit und auf die Nachwelt. Mit der Schlangen-Energie tauchen manchmal spirituelle Bezüge in beruflichen Zusammenhängen auf, wobei es aber so gut wie immer einen praktischen Bezug gibt.

Beziehungen *und Familie*

Schlangenenergie hilft bei der Transformation, beim Loslassen und beim Neuanfang. Der Schicksalsschlag kann gar nicht so heftig sein, dass das Krafttier Schlange nicht etwas Positives darin wecken könnte. Tauchen dagegen alltägliche Probleme auf, hilft die Schlange, diese nicht nach außen zu tragen, sondern sie mit sich selbst auszumachen.

Gesundheit *und Körper*

Bei gesundheitlichen Problemen stärkt das Krafttier Schlange unser Immunsystem und hilft dem Körper, aus sich selbst heraus zu genesen. Gleichzeitig fordert Schlangen-Medizin meist schmerzhafte Veränderungen ein, damit es uns wieder besser gehen kann. Insofern ist das Auftauchen der Schlange als Krafttier auch in gesundheitlichen Fragen immer ein Zeichen für einen Neuanfang, den man sich verdienen muss.

Das Schwein

◉ *Krafttier des chinesischen Tierkreises*

Für den chinesischen Kulturkreis gehört das Schwein zu den wahren Glückspilzen auf unserem Planeten. Sie verbinden dieses Tier mit einer ganzen Reihe positiver Eigenschaften. So sehen sie im Schwein einen besonders ehrlichen, gradlinigen Charakter, der trotz seiner mitunter etwas rauen Umgangsformen, dem Leben gelassen und mit ganz viel guter Laune entgegentritt. Außerdem halten sie das Schwein für großzügig.

Daher sagen sie auch den Menschen, die in einem Jahr des Schweins geboren wurden, nach, dass sie die Gaben des Lebens auch mit anderen Menschen gerne teilen.

In unserem Kulturkreis sind die Zuschreibungen zum Schwein dagegen nicht ganz so positiv. Einerseits ist es wegen der Größe seines Wurfes ein klassisches Symbol für Fruchtbarkeit und Wohlstand. Viele Fruchtbarkeitsgöttinnen hatten Schweinegestalt, so trug etwa die germanische Göttin Freyja den Beinamen „Sau". Und so ist es nicht weiter verwunderlich, dass es als klassischer Glücksbringer und Wohlstandssymbol, etwa zu Silvester, verschenkt wird. Andererseits gilt das Schwein aber auch als schmutzig, unrein und sündig.

Ein wenig ambivalent ist auch das Auftauchen des Schweins als Krafttier. Meistens sorgt es schlicht für das kleine bisschen Glück, das man manchmal im Leben haben muss, damit einem die Dinge gelingen. Darüber hinaus unterstützt uns die Medizin des Schweins dabei, ehrlich und gradlinig unseren Weg zu gehen und dabei die in uns gesetzten Erwartungen – etwa von Lehrern. Partnern oder Vorgesetzten – zu erfüllen. Es ist das Glück des Tüchtigen, denn mit der Energie des Schweins geht durchaus auch die Bereitschaft einher, die Ärmel hochzukrempeln und etwas zu tun.

Laufen die Dinge im Leben gerade nicht gut, kann das Schwein auch der Überbringer kritischer Botschaften sein. So sollte man sich von ihm durchaus fragen lassen, in welchen Bereichen man zu gradlinig und undiplomatisch ist. Und ob man mit den eigenen Meinungen nicht doch etwas zu strikt anderen gegenüber auftritt. Außerdem ermahnt einen das Krafttier Schwein auch immer wieder zur Ehrlichkeit.

Geld *und Karriere*

In finanziellen Belangen ist das Krafttier Schwein ein echter Glücksgriff. Mit seiner Energie werden Chancen in bare Münze verwandelt. Und das scheinbar ganz nebenbei. Denn die Schweine-Energie ist fruchtbar, ohne den Götzen Besitz anzubeten. Sie reibt sich nicht auf und nimmt das Ergebnis nicht allzu wichtig. Läuft es in puncto Geld und Karriere dagegen nicht wie geplant, sollte man sich von diesem Krafttier fragen lassen, wo es einem an der notwendigen Gelassenheit mangelt.

Qualitäten:	Ehrlichkeit, Glück und gute Laune
Kraftphase:	Das ganze Jahr
Botschaft:	Ehrlich währt am Längsten
Begleiter in Krisen:	Ermahnt zur Ehrlichkeit
Begleiter auf Lebenszeit:	Ein Glücksbringer

Das Schwein

Beziehungen *und Familie*

Zwar gilt das Schwein auch in Beziehungen als Glücksbringer, doch steckt hinter seinem Auftauchen als Krafttier oft auch die Frage, ob man es mit der Eifersucht und dem Besitzanspruch nicht vielleicht ein wenig übertreibt.

Man sollte daran denken, dass sich die Dinge aus der Perspektive verschiedener Menschen auch unterschiedlich darstellen. Außerdem ist oft etwas mehr Diplomatie erforderlich.

Gesundheit *und Körper*

In gesundheitlichen Belangen will uns das Schwein Mut zusprechen. Oft tritt Genesung schon dadurch ein, dass man an sie zu glauben beginnt. Positiv denken, so lautet seine Botschaft. Was es darüber

hinaus zu sagen hat, wissen wir eigentlich auch ohne seine Hilfe: Weniger essen, mehr Wasser trinken und viel mehr bewegen. Denn sonst legen wir uns einen Speckgürtel zu, den wir so schnell nicht wieder loswerden.

Der Tiger

◉ *Krafttier des chinesischen Tierkreises*

Auch die Tiger-Energie ist bei den Chinesen eine echte Glücksenergie. Sie birgt körperliche und mentale Kraft. Außerdem steht sie für die Verspieltheit der Katze, kombiniert mit der Durchsetzungsfähigkeit des Raubtieres. Unter dem Einfluss des Tigers kommt der Mensch unbeschwert und fröhlich zur Welt, reift zu einer intellektuell und emotional begabten Persönlichkeit heran und steckt seine Umgebung mit seiner Lebensfreude unweigerlich an. Die Chinesen glauben, dass Menschen

Qualitäten:	Verspielte Kraft, Gestaltungswille und Durchsetzungsfähigkeit
Kraftphase:	Das ganze Jahr
Botschaft:	Nur das Sinnvolle tun
Begleiter in Krisen:	Ein kompromissloser Hinterfrager
Begleiter auf Lebenszeit:	Ein Missionar für eine bessere Welt

Der Tiger

im Zeichen des Tigers sehr gute Chancen haben, erfolgreich und glücklich durchs Leben zu gehen. Wobei dieses Glück weniger daraus resultiert, dass sie wie Drachen alles in Geld verwandeln, was sie berühren. Tigern ist Macht und Geld als Selbstzweck ziemlich egal. Sie gehen einfach davon aus, dass immer genug vorhanden ist. Und wie durch ein Wunder ist dies meistens der Fall.

Soweit zum chinesischen Tierhoroskop. Doch was bedeutet es, wenn ein Tiger kurzzeitig oder länger als Krafttier auftaucht? Auch in diesem Fall sind ganz ähnliche Energien im Spiel. Es geht um verspielte Kraft, aber auch um Gestaltungswillen und Durchsetzungsfähigkeit. Mit der Tiger-Medizin treten die materiellen Aspekte des Lebens in den Hintergrund und die immateriellen werden wichtig.

Der Mensch beginnt sich die Sinnfrage zu stellen. Und zwar nicht nur für sich selbst, sondern gleich für den gesamten Planeten. So ist er nicht nur auf der Suche nach spiritueller Erleuchtung und persönlicher Entwicklung, sondern er will die Welt zum Besseren bekehren. Und das mit Leib und Seele.

Als Krafttier stellt uns der Tiger kompromisslos die Frage nach dem Sinn unserer Handlungen. Vergeuden wir unsere Kraft an sinnlosen Stellen? Oder mobilisieren wir sie erst gar nicht, entweder, weil uns der Glaube an uns selbst fehlt oder der Wille, auch das Letzte zu geben? In allen drei Bereichen hilft die Tiger-Medizin: Sie lässt uns zwischen Sinn und Unsinn unterscheiden. Sie mobilisiert unseren Willen und sie stärkt schlussendlich auch unseren Glauben an unser Können.

Geld *und Karriere*

Tiger-Energie verlangt in beruflicher und finanzieller Hinsicht nach Freiräumen. Wo sie nicht vorhanden sind, bleibt auch der Erfolg aus. Taucht ein Tiger als Krafttier auf, sollte man sich daher fragen, ob man genügend Spielraum hat, seine Begabungen und Potenziale tatsächlich zu leben. Hat man sich diesen Platz geschaffen, ermutigt der Tiger aber auch, den einen oder anderen Sprung zu riskieren. Anders fängt auch er seine Beute nicht.

Beziehungen *und Familie*

Tiger-Energie äußert sich mitunter unstetig, auf der Suche nach Abenteuern und riskanten Herausforderungen. In Beziehungsfragen ermuntert der Tiger als Krafttier allerdings keinesfalls dazu, sich Hals über Kopf in ein Liebesabenteuer zu stürzen. Im Gegenteil, er fragt nach dem Sinn und ermutigt den von ihm begleiteten Menschen, sich auf eine ruhigere, berechenbarere Art und Weise die notwendigen Freiräume in seinem Leben zu schaffen.

Gesundheit *und Körper*

In gesundheitlichen Belangen warnt uns der Tiger als Krafttier vor nicht beachteten Gefahrenquellen. Dabei kann es sich um Unfälle sowie um das Risiko, das durch Nikotin- oder Alkoholmissbrauch entsteht, handeln. Und wieder stellt dieses Krafttier die Frage nach dem Sinn – dem persönlichen und dem für die Menschen im Umfeld des Betroffenen.

Die Ziege

Krafttier des chinesischen Tierkreises

Für die Chinesen ist die Ziege vor allem eines: ein genügsames Tier, das dem Menschen als Dankbarkeit für ein bescheidenes Dach über dem Kopf und Schutz vor Raubtieren seine Milch schenkt. Neben der Genügsamkeit und der Dankbarkeit verknüpft der chinesische Kulturkreis mit der Ziege Eigenschaften wie Artigkeit, Gehorsam und Anpassungsbereitschaft.

Die Ziege ist ein Tier, das unter dem regierenden Einfluss der weiblichen Yin-Qualität steht – und so ist auch die Ziegen-Energie eine urweibliche – und dies in einer besonders kraftvollen Ausprägung. Im täglichen Leben heißt dies, dass der Einfluss der Ziege einen Menschen besonders fürsorglich, nährend und anderen Lebewesen zugewandt macht.

Taucht die Ziege als Krafttier auf, so unterstützt sie den von ihr begleiteten Menschen in eben dieser Hinsicht. Mit ihr geht es um eine wohlgeordnete Häuslichkeit, um Strukturen, die den Menschen ein behagliches, sicheres Auskommen versprechen. Sie schafft Ordnung im Haus, sorgt für einen geregelten Tagesablauf und achtet darauf, dass alle Familienmitglieder zu ihrem Recht kommen. Tanzt einer aus der Reihe, wird ihn die Ziege zur Ordnung rufen; zur Not auch durch einen schmerzhaften Schubs mit ihren Hörnern. Großer Wohlstand ist im Konzept der Ziege ebenso wenig vorgesehen wie Macht, Kampf oder kreatives Chaos.

Vielmehr geht es um das bescheidene Glück, das ohne große Aufmerksamkeit blüht, das dem Menschen aber ein zufriedenes, wenngleich arbeitsreiches Leben beschert.

In Zeiten der Krise weist die Ziege als Krafttier darauf hin, dass man einmal gründlich darüber nachdenken sollte, in welchen Bereichen die eigene Sehnsucht nach einem friedvollen Leben gestört wird bzw. wie man andere in diesem Streben behindert. Im Grunde ist die Ziege ein erstaunlich kräftiger und kampferprobter Verbündeter, um die angestrebte Harmonie mit mehr oder minder sanfter Gewalt herzustellen.

Außerdem steht Ziegen-Energie für die Frage, wo man die eigene Empfindsamkeit vielleicht bis zur Empfindlichkeit ausgebaut, die Anpassungsbereitschaft bis zur Selbstaufgabe übersteigert hat. Auch aus solchen Schräglagen führt einen die Ziege wieder heraus.

Geld *und Karriere*

In beruflicher und finanzieller Hinsicht hilft die Ziege dabei, Durststrecken durchzustehen, an deren Ende ein lohnendes Ziel lockt. Mit Hilfe dieses Krafttieres gelingt es einem, aus so gut wie nichts Lebensumstände zu zaubern, in der alle Beteiligten zu ihrem Recht kommen. Manchmal sollte man sich aber von diesem Krafttier auch die Frage stellen lassen, ob man sein Licht nicht doch zu oft unter den Scheffel stellt.

Qualitäten:	Genügsamkeit, Dankbarkeit und Anpassungsbereitschaft
Kraftphase:	Sommer und Winter
Botschaft:	Das echte Glück blüht auch im Kleinen
Begleiter in Krisen:	Ein genügsames, zähes und mitunter streitbares Vorbild
Begleiter auf Lebenszeit:	Ein Meister jener Struktur, in der alle zu ihrem Recht kommen

Die Ziege

Beziehungen *und Familie*

In beziehungstechnischer Hinsicht warnt die Ziege vor allzu kräftigem Gemecker. Außerdem hinterfragt sie die rechte Mischung aus Anpassungsbereitschaft und Selbstaufgabe. Hier das rechte Maß zu finden, ist die wahre Herausforderung der Ziegen-Medizin. Aber aufgrund des vorhandenen fruchtbaren Potenzials meistert sie es zur allseitigen Zufriedenheit.

Gesundheit *und Körper*

In Fragen der Gesundheit mahnt die Ziege zur Bescheidenheit. Einerseits ist sie eine Anwältin des kargen Maßes; sie unterstützt bei Diäten, Fastenkuren oder anderen Beschränkungen. Andererseits agiert sie aber auch aus der Fülle. Allerdings fordert sie dann Strukturen, damit alles an seinem richtigen Platz ankommt. In dieser Hinsicht ist die Ziege als Krafttier auch eine ideale Trainerin für körperliche Fitness.

Der Fisch/Die Fische

◎ *Krafttier des europäischen Tierkreises*

In den bei uns gängigen Horoskopen sind die F sche als Krafttier vermutlich die am stärksten verkannten Vertreter des gesamten Tierkreises. Schwach und beeinflussbar tauchen sie in der einschlägigen Literatur als Opfer und Gefolgsleute auf, als weltfremde, pseudo-erleuchtete Besucher esoterischer Seminare und als verblendete Jünger charismatischer Heilsbringer mit problematischen Botschaften.

Qualitäten:	Instinkt, mentale Gestaltungskraft und ein hervorragender Zugang zum Unterbewusstsein
Kraftphase:	Frühling
Botschaft:	Mit deinem Denken kreierst du deine Welt
Begleiter in Krisen:	Hinterfragt Schein und Sein
Begleiter auf Lebenszeit:	Ein charismatischer Führer durch die Untiefen des Bewusstseins

Der Fisch/Die Fische

Tatsächlich neigen die Fische zur Schwärmerei und fühlen sich in geistigen Dimensionen heimisch, in die ihnen so leicht niemand folgen kann. Bevor sie eine heftige Auseinandersetzung beginnen, lassen sie den anderen lieber gewähren. Das gibt ihnen den Anschein eines ewigen Opfers und fördert das Missverständnis, Fische seien leicht zu betrügen. Dabei ist genau das Gegenteil der Fall, was klar wird, wenn man einen Blick auf diese spezielle Welt der Fische wirft.

Ihr ganzes Glaubenssystem wird von dem Element, in dem sie leben, geprägt. Unter Wasser scheint alles um ein Drittel größer und näher zu sein und ist zudem leicht verschwommen. Trotzdem können sich die Fische in dieser Welt hervorragend orientieren. Sie erfassen instinktiv unterirdische Strömungen, Motive und Gefühle, die ihre Mitmenschen noch nicht einmal bei sich selbst erkennen. Sie sind schwer zu täuschen und scheinen den Schlüssel zum Unterbewusstsein ihrer Mitmenschen zu besitzen. Das macht sie zu hervorragenden Therapeuten, den wahren Priestern unserer Zeit.

Tauchen Fische als Krafttiere auf, sind sie eine unmissverständliche Botschaft, nicht abzutauchen oder auszuweichen, sondern sich den Realitäten des Lebens zu stellen. Alkohol, Nikotin, Koffein, Tabletten oder übermäßiges Essen sind jetzt nicht gefragt. Es geht ums Ganze, und zwar auf dem harten Boden der Realität.

Das mag manchmal Angst bereiten, aber eigentlich ist das mit einem Fisch unnötig. Denn dieser Begleiter

sorgt auch für feinfühlige, hellsichtige und spirituelle Dimensionen, durch die das möglich wird, was vorher unerreichbar schien.

Fische-Medizin ist mit viel verfügbarer Fantasie verbunden. Der Fisch kann zum Boten einer neuen Wirklichkeit werden.

Geld *und Karriere*

Es gibt mächtigere Verbündete in finanziellen Fragen und in Bezug auf die Karriere als den Fisch. Aber zumindest fragt der Fisch schonungslos nach, in welchen Bereichen wir uns

etwas vormachen und wo unsere Vorstellungen stimmen. Und meistens ist das Ende der Illusion der hoffnungsvolle Anfang einer neuen erfolgreichen Karriere.

Beziehungen *und Familie*

Mit Fische-Medizin scheint es oftmals so, als könnten wir uns unseren Traumpartner und unsere liebsten Freunde herbeiträumen. Und vermutlich stimmt das sogar in den meisten Fällen. Wenn es allerdings weniger

gut läuft, dann sollten wir uns vielleicht mit der Frage beschäftigen, in welchen Bereichen wir uns selbst anschwindeln oder eher nicht. Aus der Antwort entsteht oft eine neue Beziehungsqualität.

Gesundheit *und Körper*

Die schlimmste Gefahr, auf die uns der Fisch aufmerksam macht, ist die der Sucht. In welchen Bereichen sind wir abhängig, ohne es vielleicht zu merken. Unser Körper reagiert

darauf meist spürbarer als die feiner schwingende Psyche. Überhören wir seine Warnsignale, kann es sehr schnell zu spät sein.

Der Krebs

Krafttier des europäischen Tierkreises

Haben Sie schon einmal einen Krebs beobachtet? Dieses geheimnisvolle Wesen, das scheinbar planlos hin und her irrt, um sich in Wahrheit in einem Bogen seinem Ziel zu nähern? Blitzschnell zieht es sich in seinen Panzer zurück, wenn ihm Gefahr droht, und lässt sich ohne weitere Gegenwehr hin und her stoßen.

Doch ebenso schnell fahren plötzlich die Scheren heraus, und er zwickt sich so fest, dass man ihn nur mit schweren Verletzungen loswird. Es sind tatsächlich ängstliche, leicht zu verschreckende Wesen. Sie haben sich an der Grenze zwischen Wasser und Land angesiedelt, sind in beiden Elementen zu Hause – allerdings in keinem vollkommen.

Als Krafttier will uns der Krebs die Welt des Wassers näherbringen. Es ist – in menschlichen Dimensionen ausgedrückt – eine Welt der Gefühle, der unterschwelligen Strömungen und Empfindungen, der nicht rationalen Gewissheit, der Entscheidungen „aus dem Bauch heraus". Gleichzeitig sorgt der Krebs auch dafür, dass unser Körper auf keinen Fall vernachlässigt wird. Und so lebt der Krebs in einer natürlichen Balance zwischen Emotionen und Körperlichkeit, in der alles Nährende, Empfangende und die Hingabe ihren Platz haben.

Insofern ist der Krebs auch ein ganz besonders guter Begleiter bei Empfängnis und Geburt.

Aber auch im täglichen Leben hat dieses Krafttier seinen Platz. Es fordert uns auf, ruhig zu werden und dabei Hilfsbereitschaft und Großzügigkeit zu entwickeln, ohne Gegenleistungen zu fordern. Erscheint ein Krebs in Krisenzeiten, sollte man sich fragen, in welchen Bereichen man vielleicht zu planlos unterwegs ist, wo man zusätzlich Strukturen braucht oder sich Hilfe bei anderen Menschen holen muss. Und man sollte immer wieder einen bewussten Vorstoß ins eigene Unterbewusstsein machen und die Quellen erkunden, aus denen unser „Bauchgefühl" gespeist wird. Nur wer seine Verhaltensmuster und Glaubenssätze kennt, ist ihnen nicht hilflos ausgeliefert.

Geld *und Karriere*

Echte Reichtümer wird man mit Hilfe des Krebses als Krafttier vermutlich nicht anhäufen. Allerdings signalisiert er ganz klar, dass es zum Leben immer reichen wird. Auch in Sachen Ehrgeiz und Karriere ist er keine echte Hilfe. Dafür unterstützt er den von

ihm begleiteten Menschen wunderbar, wenn es darum geht, Kontakt zu den Kollegen zu knüpfen oder Mitgefühl mit den Menschen zu entwickeln, die einem im Berufsalltag begegnen und die mitunter auf uns angewiesen sind.

Qualitäten:	Einfühlungsvermögen, Vorsicht, Verteidigungsbereitschaft
Kraftphase:	Sommer
Botschaft:	Überlass dich den natürlichen Rhythmen, sie tragen dich
Begleiter in Krisen:	Fordert den Plan ein und mahnt zur Vorsicht
Begleiter auf Lebenszeit:	Ein kindlicher Grenzgänger in der Welt der Gefühle

Der Krebs

Beziehungen *und Familie*

Der Krebs hat den Ruf, ganz besonders häusliche Qualitäten in sich zu vereinigen. Allerdings sollte man eines vor allem dann beachten, wenn der Krebs als Krafttier in Zeiten der Krise auftaucht: So häuslich er sein kann, so stark unterliegt er aber auch regelmäßig auftauchenden Wanderzyklen. Dann will er zu neuen Ufern aufbrechen und setzt dabei auch seine Scheren ein, um in seiner Freiheit nicht eingeschränkt zu werden.

Gesundheit *und Körper*

In gesundheitlicher Hinsicht ist der Krebs ein Anwalt von Herz und Magen. Er fordert dazu auf, sich nicht alles gleich so zu Herzen zu nehmen. Auch wenn einem das Leben auf den Magen schlägt, bringt der Krebs machtvolle Medizin. Er ist einer, der eine Mäßigung lehrt, die ohne Verzicht funktioniert. Denn er stellt das innere Gleichgewicht wieder her, sodass der Mensch spürt, was ihm bekommt und was nicht – und dementsprechend handelt.

Der Löwe

◎ *Krafttier des europäischen Tierkreises*

In einem Löwen begegnet einem das männliche Urprinzip in Reinkultur: stolz, stark und tapfer. In der Wildnis lebt der männliche Löwe etwas abseits der Gruppe und lässt sich von seinen Frauen verwöhnen. Diese wiederum sind ausgeprägte Rudeltiere, die gemeinsam jagen, aber auch gemeinsam in der Sonne faulenzen oder den katzenartig verspielten Nachwuchs in seine Schranken weisen.

Die Symbolsprache in unserem Tierkreis orientiert sich am männlichen Löwen, dem König der Tiere.

Qualitäten:	Große Gefühle, Stolz und Würde
Kraftphase:	Sommer
Botschaft:	Wer den Kopf hängen lässt, dem rutscht die Krone herunter
Begleiter in Krisen:	Ein starker Kampfgefährte
Begleiter auf Lebenszeit:	Eine nie versiegende Quelle des Selbstbewusstseins

Der Löwe

Löwe-Geborene gelten als imposante Erscheinungen, die mit großer Lautstärke auf sich aufmerksam machen. Sie sind stark, und zwar sowohl in körperlicher Hinsicht als auch in psychischer. Schon auf den ersten Blick wird sichtbar, dass man es mit einem energischen Wesen zu tun hat, das selbstsicher durch seine Welt schreitet und seinen Führungsanspruch signalisiert. Gleichzeitig ist es großherzig und freigiebig. Daher sind seine Gefühle auch besonders mächtig, seine Geschenke besonders prächtig.

In und durch den Löwen leuchtet die Sonne, die Beherrscherin unserer Welt. Wer es versteht, rechtzeitig die Augen zu senken, wird von dieser Löwensonne gewärmt und genährt.

Taucht ein Löwe als Krafttier auf, hat er meist eine ordentliche Dosis Selbstbewusstsein im Gepäck.

Er will nicht, dass sich der von ihm begleitete Mensch klein macht, sich vor scheinbaren Gefahren duckt oder sich in unangenehme Umstände fügt. Der Löwe wärmt Herz und Gemüt gleichermaßen, macht Mut und stärkt das Rückgrat. Insofern ist er ein guter Kampfgefährte.

In Krisen sollte man sich von diesem Krafttier allerdings auch die Frage gefallen lassen, wo man das rechte Maß verloren hat und von gesundem Selbstbewusstsein in Egozentrik gekippt ist. Außerdem neigt Löwen-Energie dazu, andere zu überrumpeln und den eigenen Standpunkt zum einzig möglichen zu stilisieren. Dann ist ein wenig Mäßigung gefragt, damit alles wieder an die rechte Stelle gerückt werden kann.

Geld *und Karriere*

In Bezug auf Geld und Karriere ist der Löwe ein Verfechter von Prestige, Luxus und der Strahlkraft des Erfolges. Dafür scheut er zwar keinen (Kampf-) Einsatz, er gehört aber auch nicht zu den konsequenten, harten Arbeitern.

Fallen einem die Dinge nicht von selbst in den Schoß, sollte man sich beim Auftauchen eines Löwen fragen, wo man mehr bekommen möchte, als man zu geben bereit ist.

Beziehungen *und Familie*

In Beziehungsfragen ist die Löwen-Energie eine ausgesprochen intensive. Unter ihrem Einfluss wird geliebt und gelacht, aber auch gelitten und gestritten. Als Krafttier überbringt der Löwe daher die Botschaft, vor

allem die negativen Gefühle erst einmal ein wenig abkühlen zu lassen, bevor man sich in sinnlosen Kämpfen aufreibt und vielleicht die eine oder andere Freundschaft dabei zerstört.

Gesundheit *und Körper*

Zum Löwen scheinen Krankheiten überhaupt nicht zu passen. Dieses prächtige und anziehende Tier bezieht seine gesamte Ausstrahlung durch seinen stolzen und erhabenen Körper.

Daher ist Löwen-Medizin auch eine besonders wirksame, wenn es darum geht, Erschöpfungszustände schnell zu überwinden und dadurch chronische Krankheit zu vermeiden.

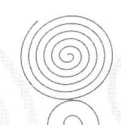

Der Skorpion

◉ *Krafttier des europäischen Tierkreises*

Den Skorpion kennen viele Menschen nur als schmerzhafte und gefährliche Urlaubsbekanntschaft. In Horoskopen ist er als kompliziertes und widersprüchliches Geschöpf, das rücksichtslos die Wahrheit ans Licht bringt, zu finden.

Der Skorpion wird von Pluto, dem Herrscher der Unterwelt, und von Mars regiert. Und so will der Skorpion nicht nur bis auf den Urgrund aller Dinge abtauchen, sondern sprüht dabei noch vor Energie und Kampfeslust.

Tod und Geburt, Vergänglichkeit und Neubeginn sind die ewigen Konstanten im Leben des Skorpions.

Pluto und Mars drängen ihn zu herrschen, doch ist der Skorpion auch ein weibliches Zeichen, das im Wasser zu Hause ist. Diese Aspekte sorgen dafür, dass er seinen Machtanspruch nicht mit einer so unbekümmerten Egozentrik lebt wie der Löwe. Dem Skorpion fehlt die entspannte Selbstverständlichkeit, um sich unangefochten auf einem Thron halten zu können. Auch das gibt ihm oft den Anschein, ein starrköpfiger, unwirscher und egoistischer Zeitgenosse zu sein. Denn er wird sich eher selbst zerstören, als sich einem anderen zu unterwerfen. Hat er es scheinbar doch getan, ist allerhöchste Gefahr im Verzug.

Taucht ein Skorpion als Krafttier auf, bekommt man einen starken Partner. Vordergründig unterstützt er den von ihm begleiteten Menschen dabei, sich durchzusetzen. Bei genauerem Hinsehen erkennt man allerdings, dass Skorpion-Energie viel früher greift als erst im Augenblick der Auseinandersetzung. Sie konfrontiert den Menschen mit seinen Schwächen – tut dies aber so, dass er dadurch erkennt, worum es ihm in Wirklichkeit geht. Der Skorpion ist die Energie der Selbsterkenntnis, durch die erst wahres Wachstum entsteht. Auch wenn es schmerzt: Echtes Selbstbewusstsein kann nur entstehen, wenn man sich seiner selbst bewusst wird.

Der Skorpion warnt auch davor, es mit der Innenschau nicht zu übertreiben. Egoismus oder Selbstzerstörung sind nicht sein Ziel. Daher kann das Auftauchen eines Skorpions auch ein Zeichen dafür sein, stärker dem eigenen Unterbewussten und der Kraft des Bauchgefühls zu vertrauen.

Geld *und Karriere*

Mit Skorpion-Energie wird man vielleicht nicht reich. Aber man hat ein sicheres Gespür für jene Dinge, die einem Spaß machen und befriedigen. Dann hilft dieses Krafttier dem Menschen dabei, überdurchschnittliche Selbstdisziplin und Geduld zu mobilisieren und diese dann auch umzusetzen. Es ermahnt aber auch, nicht allzu harsch mit jenen umzugehen, die man als Koalitionspartner braucht.

Qualitäten:	Selbstbewusstsein
Kraftphase:	Herbst
Botschaft:	Im tiefsten Inneren liegt ein Schatz verborgen
Begleiter in Krisen:	Hilft, den Dingen auf den Grund zu gehen
Begleiter auf Lebenszeit:	Ein Entwicklungsmotor

Der Skorpion

Beziehungen *und Familie*

In Beziehung und Partnerschaft trägt der Skorpion viel Leidenschaft – und zwar sowohl in körperlicher Hinsicht wie auch in geistiger. Dieses Krafttier verlockt zu tantrischen Spielen, erotischen Filmen und Experimenten.

Taucht der Skorpion in einer Krise als Krafttier auf, macht er den Menschen darauf aufmerksam, dass er möglicherweise den Partner mit seinen Wünschen und Forderungen überfordert.

Gesundheit *und Körper*

In gesundheitlichen Belangen ist der Skorpion ein Beschützer von Niere, Harnleiter und Sexualorganen. Mit seiner Hilfe lassen sich chronische Entzündungen ebenso in den Griff bekommen wie Tabuthemen,

Inkontinenz oder Impotenz. Allerdings rät dieses Krafttier auch dazu, sich „den Sinn" der Krankheit vor Augen zu führen, das heißt, zu überlegen, was durch die Krankheit möglich bzw. unmöglich wird.

Der Steinbock

◎ *Krafttier des europäischen Tierkreises*

Auch wenn viele den Steinbock nur aus dem Zoo kennen und nie Gelegenheit hatten, ihn in den Bergen zu erleben, so haben doch die meisten eine klare Vorstellung von der genügsamen, zähen Ziege. Sie lebt auf kargem, steilem Gelände, in dem sie sich schlafwandlerisch und elegant zu bewegen weiß. Trittsicher kommt sie an ihr Ziel, egal, wie unwegsam die Umgebung auf andere Lebewesen auch wirken mag. Aber um welchen Preis: Ständig muss sie auf ihre Füße achten, ein falscher Tritt, und sie landet

Qualitäten:	Selbstdisziplin, Willenskraft und Geschick
Kraftphase:	Winter
Botschaft:	Wo ein Wille ist, da ist ein Weg
Begleiter in Krisen:	Die eiserne Kraftreserve, wenn sonst gar nichts mehr geht
Begleiter auf Lebenszeit:	Ein trittsicherer Bergführer durch die Steilhänge des Lebens

Der Steinbock

im Abgrund. Den Horizont kann solch ein Geschöpf kaum erblicken, obwohl es sich andererseits nicht leisten kann, sein Ziel aus den Augen zu verlieren. Denn ohne den lockenden Gipfel oder die nächsten kärglichen Grashalme erscheint ihm der Überlebenskampf allzu hart.

Ähnliche Erklärungen liefert auch das Horoskop. Steinböcke, so sagt man, haben für große Visionen nichts übrig. Ihnen geht es um die Bewältigung des Alltages, wobei keine Herausforderung zu groß, keine Aufgabe zu schwierig sein kann. Doch steckt gleichzeitig hinter allem, was der Steinbock tut, eine Absicht und ein Ziel. Das zeigt er zwar nicht offen und beredet es nach Möglichkeit auch nicht. Doch sollte man sich nicht darüber hinwegtäuschen, dass er dieses Ziel kompromisslos umzusetzen gewillt ist.

Weder Humor noch Rücksicht mildert seinen Weg, dazu hat er in seinem Überlebenskampf keine Zeit. Er ist ein Individualist, was ihm mitunter egozentrische Züge verleiht. Trotzdem legt er erstaunlich viel Wert auf die Meinung anderer. Vermutlich, um unnötige Störungen von außen sofort auszuschließen.

Taucht ein Steinbock als Krafttier auf, so kann man sich sorglos auf den Lebensweg machen. Dieser Begleiter hilft einem dabei, auch die steilsten Wege zu gehen, ohne dass einen die Kraft oder die Konsequenz verlassen würde. Vor allem wenn man mit vielen Problemen zu kämpfen hat, mobilisiert der Steinbock die letzten eisernen Willensreserven.

In Krisen kann dieses Krafttier aber auch ein Hinweis darauf sein, dass man etwas zu verbissen probiert.

Dann ist man aufgerufen, mit Hilfe des Steinbocks den Kopf zu heben und sich einmal umzusehen. Oft ist das nächste Etappenziel bereits greifbar und man hätte es vor lauter Anstrengung fast übersehen.

Geld *und Karriere*

In Geldangelegenheiten signalisiert uns der Steinbock ein sicheres Auskommen. Er mahnt aber auch zu einer gewissen Bescheidenheit und versorgt den von ihm begleiteten Menschen mit der Erkenntnis, dass die einfachen Dinge im Leben oft die schönsten sind. Auch in Sachen Karriere ist der Steinbock als Krafttier eine klare Aufforderung, nicht dem äußeren Schein hinterherzulaufen.

Beziehungen *und Familie*

In Liebesdingen verhilft einem der Steinbock als Krafttier zu zwei sehr unterschiedlichen Qualitäten. Erstens ermutigt er uns, nicht vorschnell aufzugeben und den Traumpartner kampflos ziehen zu lassen. Zweitens hilft er uns aber auch dabei, mit uns selbst zufrieden zu sein. Und das ist eine Fähigkeit, die uns für andere Menschen erst richtig anziehend macht.

Gesundheit *und Körper*

In Bezug auf unsere Gesundheit mahnt der Steinbock als Krafttier zur Mäßigung. Wo schlagen wir bei unserer Ernährung über die Stränge? Welche Genussmittel genießen wir allzu oft? Und wie steht es mit der Bewegung? Steinbock-Energie fordert und fördert die Selbstdisziplin, diese unschlagbare Verbündete im Genesungsprozess.

Der Stier

Krafttier des europäischen Tierkreises

Kennen Sie Ferdinand, den kleinen Stier aus dem Kinderbuch von Munro Leaf? Falls ein Stier als Krafttier in Ihrem Leben auftaucht, dann verstehen Sie die mit ihm einhergehende Energie am besten, wenn Sie ganz schnell Ferdinands Bekanntschaft machen: Ferdinand sitzt verträumt auf seiner Wiese und schnuppert an den Blumen. Um ihn herum atmet alles Frieden und Harmonie – bis …, ja, bis zu jenem Tag, als die Matadore in

Ferdinands Heimat kommen. Sie suchen große, kräftige Tiere für den Stierkampf. Für den romantischen Ferdinand ist das nichts – doch leider, genau in jenem Augenblick, in dem sich die Männer aus der Stadt nähern, setzt sich Ferdinand auf eine Hornisse. Das folgende Schauspiel überzeugt die Matadore: Ferdinand, der Blumenfreund, der Genießer, der Philosoph und Pazifist ist der Richtige für die Arena.

Disneys Ferdinand ist ein typischer Vertreter seiner Art: ein ruhiger, friedlicher und ausgeglichener Zeitgenosse mit einem ausgeprägten Sinn für das Schöne im Leben. Fröhlich und sorglos genießt er seine Umgebung in vollen Zügen. Doch wehe, da gefährdet etwas die Ruhe dieses empfindsamen und empfindlichen Genießers. Im Augenblick verwandelt er sich zu „El Torro", einen streitbaren Verteidiger von Ruhe und Harmonie.

Ein Stier als Krafttier ist besonders dann ein angenehmer Begleiter, wenn er ein ganzes Leben lang an der Seite des Menschen bleibt. Denn dann sorgt seine Energie für einen gewissen Ausgleich zwischen den Lebensbereichen. Ein Stier verteidigt nämlich die Notwendigkeiten des Berufslebens ebenso wie die Bedürfnisse des Körpers sowie jene, die durch unser Verlangen nach sozialen Kontakten entstehen. Schlussendlich mahnt er auch noch all das ein, was wir nur für uns selbst machen, unsere Hobbys und Freizeitaktivitäten. Kurzum, ein Stier lässt es gar nicht erst zu, dass wir nach der Maxime „Erst die Arbeit, dann das Vergnügen" leben.

In Krisenzeiten ist ein Stier als Krafttier das untrügliche Zeichen, dass wir mehr auf ein Leben im Gleichgewicht achten sollten. Und er verleiht uns auch gleich die Kraft, uns jenen Freiraum zu schaffen, der dafür notwendig ist.

Geld *und Karriere*

In Geldangelegenheiten beschert einem der Stier als Krafttier eine glückliche Hand. Er schärft den Instinkt für Dinge, die sich lohnen, und warnt vor vergeblichem Energieeinsatz. Daher ist er auch ein guter Karriereberater. Wobei man allerdings auch die Grenzen der Stier-Energie im Auge behalten sollte. Arbeiten bis zum Umfallen lässt er nicht zu, da er neben der explosiven Energie auch die Ruhe und den Einklang verkörpert.

Qualitäten:	Ruhe und Gemütlichkeit
Kraftphase:	Das ganze Jahr
Botschaft:	Probier´s mal mit Gemütlichkeit
Begleiter in Krisen:	Ein Verteidiger der schönen Seiten des Lebens
Begleiter auf Lebenszeit:	Ein sinnlicher Helfer für alle Lebensbereiche und Lebensphasen

Der Stier

Beziehungen *und Familie*

Auch in Beziehungs- und Familiensachen ist der Stier ein instinktsicherer Begleiter. Einerseits fördert er die Bereitschaft zur Gemeinsamkeit. Andererseits sorgt er aber auch dafür, dass man selbst dabei nicht zu kurz kommt. Sollte man in Krisen mit einem Stier konfrontiert werden, ist man aufgefordert, das rechte Maß in allen Bereichen zu überprüfen.

Gesundheit *und Körper*

Gesundheitlich mahnt der Stier zum rechten Maß und zu moderatem Ausdauersport. Stier-Energie gibt einem die Kraft, sich zu bewegen und damit beispielsweise Fettpölsterchen oder den Zivilisationskrankheiten wie Herz- und Kreislaufbeschwerden auf die einzig langfristig wirksame Art zu begegnen. Der Ausdauersport unterstützt gleichzeitig die natürlichen Abwehrkräfte des Körpers und sorgt dadurch für einen entspannteren und gesünderen Alltag.

Der Widder

Krafttier des europäischen Tierkreises

In unserem Horoskopsystem wird der Widder vom Mars regiert, Feuer ist sein Element. Genau wie das Feuer ist der Widder flüchtig und unberechenbar, schwer zu beherrschen und von zwiespältiger Wirkung – wärmend und zerstörend, nährend und verschlingend. Das Feuer verwandelt alles, was es berührt – und der Widder macht es ähnlich.

Entsprechend wird das Tierkreiszeichen des Widders als besonders männlich, dynamisch, hitzig und Widerstände überwindend betrachtet.

Qualitäten:	Unabhängigkeit, Begeisterungs-fähigkeit, Tatendrang
Kraftphase:	Das ganze Jahr
Botschaft:	Lass dich von nichts und niemandem bremsen
Begleiter in Krisen:	Hilft, sich durchzuboxen
Begleiter auf Lebenszeit:	Eine unerschöpfliche Energiequelle

Der Widder

Widder-Geborenen sagt man nach, Widerstände nicht zu akzeptieren, mit dem Kopf durch die Wand zu gehen und dabei sogar noch Spaß zu haben. In der Symbolsprache Europas steht er darüber hinaus als Frühlingszeichen für Zeugungskraft und Fruchtbarkeit.

Energisch, begeisterungsfähig, beweglich und unabhängig – so begegnet uns auch der Widder als Krafttier. Zu seiner Tatkraft, seinem Sinn fürs Praktische und Praktikable, seiner Zielstrebigkeit und seiner gesamten positiven Dynamik gesellt sich mitunter auch die Ungeduld.

Taucht ein Widder als Krafttier in Krisenzeiten auf, sollte man sich daher fragen, ob man eventuell zu ungeduldig ist und den Dingen besser ihren natürlichen Lauf lassen sollte. Viele Ziele erreichen wir nämlich nur deshalb nicht, weil wir nicht auf unseren Erfolg warten. Oft versuchen wir, mit dem Kopf durch die Wand zu stoßen, obwohl knapp daneben eine Tür weit offen steht. Zudem ist Widder-Energie oft auch ein Hinweis darauf, dass man Konflikte ernst nimmt und lieber die spielerische Seite der Auseinandersetzung betrachten sollte. Oder dass es an Fairness fehlt – bei einem selbst oder beim Konfliktpartner.

Als lebenslanger Begleiter ist der Widder eine so gut wie unendliche Energiequelle. Er versorgt den von ihm begleiteten Menschen zunächst mit Ideen, um ihm dann auch noch die nötige Energie mit auf den Weg zu geben, um aus dem Traum Realität werden zu lassen. Insofern ist ein Widder auch immer ein Zeichen der Fruchtbarkeit, die sich im kraftvollen Neubeginn menschlichen Lebens ebenso zeigt, wie in den Anfangszeiten eines beruflichen Projekts.

Geld *und Karriere*

Mit einem Widder als Krafttier wird Unerreichbares erreicht und Unmögliches möglich. Wobei die Widder-Energie Erfolge nicht unbedingt an Einzelheiten zu messen sind, sondern eher am gesamten Ergebnis. Vor allem wenn es darum geht, kurzfristig übermenschlich viel Energie zu mobilisieren, ist der Widder von unschätzbarem Wert.

Beziehungen *und Familie*

In Beziehungsfragen ist ein Widder als Krafttier oft der Hinweis darauf, dass man die Bedürfnisse der anderen etwas stärker berücksichtigen sollte. Herrisches Verhalten mag in Ausnahmefällen ein geeignetes Mittel sein, um die Familie zusammenzuhalten. Aber es muss die Ausnahme bleiben und darf nicht zur Regel werden.

Gesundheit *und Körper*

In körperlicher Hinsicht ist ein Widder ein Hinweis darauf, dass man seine Aktivitäten ein wenig zurückschrauben sollte. Vor allem wenn er in Kombination mit häufigen Kopfschmerzen in Erscheinung tritt, sind Ruhe und Erholung angesagt. Er hilft aber auch dabei, schwere Krankheiten zu überwinden, indem er das Immunsystem mobilisiert.

Der Zentaur (Schütze)

◎ *Krafttier des europäischen Tierkreises*

Krafttiere sind nicht zwingend natürliche Tiere. Oft tauchen sie auch in der Gestalt mythologischer Wesen auf. Menschen berichten immer wieder, dass sie von einem Zentaur, jenem Pferd mit menschlichem Oberkörper, begleitet werden. Ursprünglich geht es aus der griechischen Mythologie hervor, ähnliche Mischwesen aus Mensch und Tier (Chimären) gibt es auch in den Erzählungen anderer Kulturen. Sie symbolisieren die Verbindung aus (menschlicher) Geisteskraft und körperlicher, animalischer Stärke.

In unserem Horoskop heißt der Zentaur Schütze. Er gilt als impulsiver, optimistischer und offenherziger Visionär, der seine Ziele weit hinter dem Horizont erblickt und ohne viel Nachdenken auf sie zugaloppiert. Dass er sich dabei manchmal selbst zu überholen scheint, belastet ihn nicht weiter. Er hat großartige Ideen, und erweist sich eine als weniger großartig als gedacht, dann nimmt er einfach die nächste.

Als Krafttier ist ein Zentaur ein Visionär an der Seite des von ihm begleiteten Menschen. Er fordert ein, dass man sich nicht nur Gedanken über den Sinn des eigenen Lebens macht, sondern dass man auch entsprechende Taten folgen lässt.

Zentauren-Energie lässt uns auch dann den Mut nicht verlieren, wenn uns das Leben hart prüft, wenn Krankheit, Kündigung oder der Verlust eines Menschen uns zusetzen. In der Krise mahnt er innezuhalten und sich die Sinnfrage zu stellen. Warum bin ich auf dieser Welt? Was soll in meinem Leben auf jeden Fall noch passieren? Was habe ich zu geben? Und was möchte ich bekommen?

Sobald man im Ansatz Antworten auf diese Fragen gefunden hat, unterstützt einen dieses Krafttier aber auch, aktiv zu werden und das Erkannte wirklich umzusetzen. Auch wenn es sich um ungewöhnliche Schritte wie einen vorübergehenden Ausstieg aus dem gewohnten Lebensrahmen handelt. Der Zentaur ermuntert zu neuen Ausbildungen, langen Reisen oder dem Wechsel des Wohnortes.

Auf lange Sicht ist der Zentaur daher auch ein ständiger Impulsgeber, der den Menschen ermutigt, immer neue Wege zu gehen, um sein Leben aktiv zu gestalten. Wobei unter seinem Einfluss die Veränderung nie zum Selbstzweck wird, sondern immer ein nächster Schritt in Richtung der eigenen Vision ist.

Geld *und Karriere*

Beschränkungen, die durch Status oder Geld entstehen, scheinen unter dem Einfluss dieses Krafttieres zu verschwinden. Durch die Zentauren-Energie setzt man auch beruflich neue Impulse um, damit etwas noch nie Dagewesenes entstehen kann. Dass es dabei finanziell manchmal etwas knapp wird, stört nicht. Der Zentaur sorgt für die notwendige Zuversicht, auch wenn das Konto leer ist.

Qualitäten:	Die Symbiose aus körperlicher und geistiger Kraft
Kraftphase:	Winter und Frühling
Botschaft:	Gedanken versetzen Berge
Begleiter in Krisen:	Ein Mobilisator geistiger und körperlicher Kraftreserven
Begleiter auf Lebenszeit:	Ein Visionär vom ersten bis zum letzten Tag

Der Zentaur (Schütze)

Beziehungen *und Familie*

In Beziehungsfragen und in der Familie ist der Zentaur vor allem dann eine Hilfe, wenn es darum geht, lang praktizierte (schlechte) Gewohnheiten in Frage zu stellen und das Zusammensein auf eine neue (bessere) Ebene zu heben. Kinder, die alles stehen und liegen lassen? Ein Partner, der erwartet, bedient zu werden? Zentauren-Energie hilft, solche Muster zu durchbrechen und durch produktivere zu ersetzen.

Gesundheit *und Körper*

In Bezug auf den Körper mobilisiert der Zentaur den Ausweg aus dem scheinbar Ausweglosen. Vor allem, wenn es um Einschränkungen geht, die man sich durch schlechtes Essverhalten, Süchte wie Rauchen oder durch Bewegungsmangel zugezogen hat, hilft er, die Gründe zu erkennen und mit Hilfe des Verstandes zu bekämpfen. Er ist daher auch ein idealer Begleiter, wenn es ums Abnehmen oder die Rauchentwöhnung geht.

Die Biene

◎ *Ein weiteres beliebtes Krafttier*

Die Biene hat gleich in mehrerer Hinsicht große symbolische Bedeutung für die Menschheit; und dies überall auf der Erde. An dieser Stelle wollen wir uns aber vor allem mit den europäischen Zuschreibungen beschäftigen: Sie sorgt mit ihrem Honig für die Süße im Leben und ist zugleich „bienenfleißig". Außerdem organisiert sie sich sehr diszipliniert in großen Gemeinschaften, in denen jeder seinen Platz kennt und seinen

Die Biene

Teil zum Gemeinwohl beiträgt. Die Biene gehört zu jenen Tieren, die eine Metamorphose, eine Verwandlung durchmachen, in der sie unterschiedliche Stadien der Entwicklung erlebt. Den Menschen blieb lange Zeit verborgen, wie sie sich vermehrt. Man dachte, sie trüge selbst nichts zur Entstehung ihrer Brut bei, sondern sammle sie gemeinsam mit den Pollen von den Blüten ein. Daher galt die Biene lange Zeit auch als Sinnbild für Keuschheit und Jungfräulichkeit.

Aber damit nicht genug der spirituellen Bedeutung. Bevölkert die Biene doch den Himmel und die Erde. Daher steht sie für das Leben und die Seele. Und da sie sich während der Winterruhe vollkommen in ihren Bau zurückzieht, aus dem sie im Frühling wieder herauskommt, gilt sie als Zeichen der Auferstehung.

Man sieht, es gibt gleich eine ganze Reihe Anknüpfungspunkte, wenn dieses scheinbar so kleine, in Wahrheit aber außergewöhnlich mächtige Krafttier auftaucht. Es unterstützt den von ihm begleiteten Menschen dabei, seinen Platz in der Gemeinschaft zu finden und seinen Beitrag zum Ganzen zu leisten. Es ist eine stetige, zuverlässige Entwicklungshelferin für die Seele, die dem Menschen hilft, auch schmerzhafte Entwicklungsstadien erfolgreich zu bestehen. Und sie sorgt dafür, dass es auch nach Rückschlägen immer wieder erfolgreich von Neuem beginnt.

Taucht eine Biene in Krisenzeiten auf, sollte man sich fragen, in welchen Bereichen man seinen Beitrag zur Gemeinschaft nicht leistet, wo man zögert, seinen Platz einzunehmen und Verantwortung zu übernehmen, und wo man sich vor Entwicklungsschritten fürchtet.

Geld *und Karriere*

In finanziellen Angelegenheiten und in Bezug auf die Karriere ist eine Biene das Zeichen, ein wenig in Vorleistung zu gehen. Die Belohnung kommt sicher, aber mitunter muss man kurze Zeit auf sie warten. Und das schafft einem wiederum die Gelegenheit, auch die Wartezeit produktiv zu nutzen, um hinterher gleich doppelt belohnt zu werden.

Beziehungen *und Familie*

Die Biene zeigt einem als Krafttier sehr deutlich, dass man Verantwortung übernehmen und seinen Teil zum Gelingen einer Beziehung beitragen muss, wenn man nicht alle ne leben möchte. Tut man das dagegen, verspricht sie auch in diesem Bereich Belohnung.

Gesundheit *und Körper*

In gesundheitlichen Angelegenheiten wirkt die Biene wie ihr Gift: Es brennt ein wenig, sorgt auch für Irritationen, aber es steigert die Durchblutung und schützt die Zellen homöopathisch vor den Auswirkungen starker Entzündungen. Als Krafttier unterstützt die Biene den Menschen dabei, auch Schmerzhaftes zu ertragen, um dadurch wieder gesund zu werden.

Der Delfin

◎ *Ein weiteres beliebtes Krafttier*

Der Delfin gehört zu jenen Säugetieren, deren Charme sich kaum ein Mensch entziehen kann. Wenn sie in Gruppen um die Boote in den Urlaubsregionen dieser Welt tanzen oder im Delfinarium scheinbar mühelos ihre spielerische Eleganz demonstrieren, dann beginnt man einfach von einem neuen, leichten Leben in einer neuen, leichten Dimension zu träumen.

Und das geht nicht nur dem modernen Menschen so. Bereits Griechen und Römer verehrten den Delfin als gottähnliches Wesen. Außerdem galt er als Seelenführer, der die Seelen der Verstorbenen auf seinem Rücken sicher in das Reich der Toten brachte.

Bis heute gilt der Meeressäuger als hoch intelligentes, menschenfreundliches Wesen. Es gibt viele Geschichten aus allen überlieferten Epochen der Menschheitsgeschichte, die von Delfinen berichten, die Schiffbrüchige vor dem Ertrinken gerettet haben. Und im therapeutischen Einsatz unterstützen Delfine als Krafttier Behinderte erwiesenermaßen, allein durch ihre Gegenwart Kontakt mit der Außenwelt aufzunehmen.

Dabei kann das sympathische Wesen auch seine durchsetzungsfähigen Seiten zeigen. Ein Hai hat gegen einen aufgebrachten Delfin in Wahrheit keine Chance. Der gefährliche Räuber wird von seinem beweglicheren Gegner so lange mit seiner Schnauze in den Bauch gestoßen, bis das Gleichgewichtssystem versagt und der Hai elend zu Grunde geht.

Als Krafttier steht der Delfin für die zweite, die dritte und die vierte Lösung, die man für ein Problem finden kann, sofern man nur die bislang gepflegten Grenzen aufgibt. Er symbolisiert die Leichtigkeit, die sich nur durch Beweglichkeit und Eleganz ergibt und sich nie erzwingen lässt.

Mit einem Delfin an der Seite kann man den Glaubenssatz, dass Erfolge hart erkämpft werden müssen, überwinden. In Krisenzeiten stellt der Delfin die Frage nach dem Ziel hinter dem Ziel, also nach der wahren Motivation. Durch die Antwort eröffnen sich Wege, die man bislang nicht sehen konnte.

Geld *und Karriere*

Geld und Prestige einer erfolgreichen Karriere sind für den Delfin nur insoweit relevant, wie sich durch sie etwas Sinnvolles bewirken lässt. Als Krafttier stellt er den Menschen schonungslos vor die Frage, wofür er eigentlich arbeitet und ob die Auswirkungen tatsächlich die gewünschten sind.

Qualitäten:	Beweglichkeit, Eleganz und Spiel
Kraftphase:	Das ganze Jahr
Botschaft:	Spiel mit den Grenzen, nicht in den Grenzen
Begleiter in Krisen:	Ein Geburtshelfer für Durchbruchslösungen
Begleiter auf Lebenszeit	Ein kreativer Querdenker, der ständig für neue Möglichkeiten sorgt

Der Delfin

Beziehungen *und Familie*

Delfine sind soziale Wesen, die in Gruppen leben und Verantwortung füreinander übernehmen. Insofern ist der Delfin auch immer ein Garant für ein hohes Verantwortungsgefühl.

In Krisenzeiten sollte man sich allerdings vom Delfin die Frage stellen lassen, ob das eigene Verhalten in bestimmten Bereichen bereits zum Selbstzweck geworden ist.

Gesundheit *und Körper*

Der Delfin als Krafttier ist der geborene Heiler. Er stellt Kontakt zwischen dem Körper und der Außenwelt her, eine Grundvoraussetzung, um sich

selbst spüren zu können. Und das ist bekanntlich der erste Schritt zur Genesung. Außerdem hilft er bei der Reinigung von Körper und Seele.

Der Fuchs

◉ *Ein weiteres beliebtes Krafttier*

„Reineke Fuchs" heißt der kleine Räuber unserer Wälder in unseren Fabeln und man sagt ihm bei Weitem nicht nur Gutes nach. So gilt der Fuchs als schlau und listig und er übertritt dabei auch die Grenze zur Verschlagenheit und Hinterlist.

Das liegt wohl nicht nur an seinem guten Gehör und dem scharfen Geruchssinn, die dieses Tier instinktsicher mögliche Gefahren erkennen und potenzielle Opfer aufspüren lässt. Unsere Vorfahren hatten auch aufgrund des Fells ein angespanntes

Qualitäten:	Instinktsicherheit, Wachsamkeit, Schlauheit, Erotik
Kraftphase:	Sommer und Herbst
Botschaft:	Ergreif die Chancen, die sich dir bieten
Begleiter in Krisen:	Helfer, um den richtigen Augenblick zu erkennen
Begleiter auf Lebenszeit:	Sorgt für ein Leben voller Chancen

Der Fuchs

Verhältnis zum Fuchs, denn die rote Farbe machte ihn zu einem vermeintlichen Verbündeten des Teufels.

Auch andere Kulturkreise sahen und sehen im Fuchs zwiespältige Qualitäten. So gilt er in vielen Kulturen als Symbol der Erotik und der Verführungskunst. Vor allem im alten China galt der Fuchs als besonders wollüstig.

In Gestalt eines Krafttieres hat der Fuchs allerdings – wie alle anderen Krafttiere auch – nur positive Auswirkungen. Er schärft unsere Instinkte und macht uns auf Gefahren ebenso aufmerksam wie auf Chancen. Außerdem versorgt er uns mit jener Leichtigkeit, die uns das Mögliche spielerisch aufgreifen lässt.

Hin und wieder tritt der Fuchs auch als heimischer Verwandter des amerikanischen Kojoten auf und begegnet uns mit Schabernack. Dann schlüpft er in die Rolle des Tricksters, der uns narrt und sich mitunter sogar auf unsere Kosten einen Spaß erlaubt. Aber auch in diesem Fall gilt: Die dem Spaß zugrunde liegende Botschaft ist eine durch und durch positive und soll uns dazu bringen die eigene Person und Probleme nicht allzu ernst zu nehmen.

In Krisenzeiten ist der Fuchs ein Mahner, es mit der Schlauheit nicht zu übertreiben und sich nicht zu sehr auf Kosten anderer zu amüsieren. Taucht er kurzfristig als Krafttier auf, sollte man daher nicht nur sehr genau auf die Anzeichen in der Umgebung achten, sondern sich auch immer wieder die Frage stellen, ob man eigentlich selbst mit ehrlichen Karten spielt. Legen wir dann unsere Karten offen und ehrlich auf den Tisch, dürfen wir mit einem guten Ausgang rechnen.

Geld *und Karriere*

Ein instinktsicherer Ratgeber ist der Fuchs auch in finanziellen Angelegenheiten. Er wittert auch die kleinste Chance. Und vor allem zeigt er uns, wie wir mit so wenig Aufwand wie möglich zum gewünschten Ergebnis kommen. Da dem Fuchs d e Ideen nie auszugehen scheinen, verschafft er einem im Beruf auch ba d den Ruf, ein kreativer Querdenker zu sein.

Beziehungen *und Familie*

In Beziehungsfragen ist der Fuchs ein gerissener Begleiter. Er sucht und findet die Chancen, die sich eventuell auch außerhalb der heimischen vier Wände ergeben. Gleichzeit g stellt er aber auch die Frage nach der Konsequenz. Und die Antwort da auf sollte gut überlegt sein.

Gesundheit *und Körper*

In körperlicher Hinsicht ist der Fuchs ein Bote des sicheren Instinktes. Im Grunde wissen wir alle, was uns gut tut und was nicht. In aller Regel halten wir uns allerdings nicht daran. Ein Fuchs als Krafttier erinnert uns wieder an dieses Wissen und versüßt die bittere Erkenntnis, indem er uns kreative Wege zeigt, Selbstdisziplin und Genuss miteinander zu verbinden.

Die Katze

◉ *Ein weiteres beliebtes Krafttier*

Die Katze verfügt über höchst unterschiedliche Qualitäten. Und das macht sie – auch in ihrer realen Gestalt – zu einem gerngesehenen Begleiter. Einerseits ist sie verschmust und anschmiegsam. Andererseits liebt sie die Unabhängigkeit und verhält sich höchst eigenwillig. Wer eine Katze zu etwas zwingen will, bekommt schnell ihre Krallen zu spüren. Und zeigt sie dann auch noch ihre Zähne, wird einem schnell klar, dass das Schmusetier in Wahrheit ein kleiner Räuber ist. Der Symbolgehalt der Katze geht aber noch weit über diese beiden Eigenschaften hinaus.

Im Mittelalter galt die Katze als Verbündete der Hexen, man sagte ihr auch telepathische Fähigkeiten nach, mit denen die zauberkundigen Frauen untereinander in Kontakt stünden. Daher galt sie auch als Überbringer von Unglück. Aber auch hier steht die Katze für das genaue Gegenteil. Denn als Tier mit „sieben Leben", das immer wieder auf die Füße fällt, verkörpert sie auch den glücklichen Ausgang.

In anderen Kulturkreisen gilt die Katze sogar als heilig. So verehrten sie die alten Ägypter als Begleiter des Gottes Osiris.

Taucht eine Katze als Krafttier auf, so darf man sich auf die glückliche Vereinigung von Gegensätzen freuen. Die Katze bringt Unabhängigkeit und Willensfreiheit, ohne einsam zu machen, und Durchsetzungsfähigkeit ohne Aggressivität. Als lebenslange Begleiterin sorgt sie für ein verspieltes Dasein, in dem auch scheinbar kritische Situationen immer einen guten Ausgang finden. Taucht sie in Krisenzeiten auf, ist sie aber auch eine Mahnerin, immer wieder für Ruhezeiten zu sorgen. Denn auch das macht uns die lebende Katze vor: Stundenlang liegt sie auf der Ofenbank oder in der Sonne und scheint dabei tief zu schlafen. Doch weckt etwas ihr Interesse, dann ist sie sofort hellwach und aktiv.

Egal, ob man nur kurzzeitig von einer Katze begleitet wird oder lebenslang – dieses Krafttier hat auch eine besondere spirituelle Dimension. In ihr begegnet uns Tag und Nacht, das Leben und der Tod, der Anfang und das Ende. Und die Katze macht uns vor, wie man sich sicher in beiden Bereichen bewegt.

Geld *und Karriere*

Katzen sind in materiellen Angelegenheiten ganz eindeutig Boten, die auf die andere Seite des Lebens deuten. Eine Katze braucht keine Vorräte, kein Geld, kein Sozialprestige aufgrund von Stellung und Titel. Sie genießt, was da ist, und weist auch dem Menschen den Weg dorthin.

Qualitäten:	Anschmiegsamkeit, Unabhängigkeit, Zuversicht
Kraftphase:	Das ganze Jahr
Botschaft:	Wer auf eigenen Füßen steht, kann sich beruhigt an anderen Schultern anlehnen
Begleiter in Krisen:	Hilft aus existenziellen Krisen
Begleiter auf Lebenszeit:	Ein Balancebringer in allen Bereichen

Die Katze

Beziehungen *und Familie*

Auch in Beziehungsfragen sind Katzen als Krafttiere die idealen Vermittler des rechten Maßes aus Gemeinsamkeit und Eigenständigkeit. Eine Katze fragt den Menschen, ob er sich vielleicht gar zu eigensinnig auf seine Standpunkte versteift. Oder ob er im Gegenteil dem Partner zuliebe ganz auf die eigene Meinung verzichtet. Aus beiden Positionen kommt man mit der Hilfe von Katzen-Energie wieder heraus.

Gesundheit *und Körper*

Die Katze besitzt die sprichwörtlichen sieben Leben. Und sie fällt immer auf ihre vier Füße, wie tief ihr Sturz auch ausfallen mag. Als Krafttier mahnt sie den Menschen allerdings, sich nicht auf die unbeschränkte Selbstheilungskraft des Körpers zu verlassen. Denn vielleicht hat man ja bereits sechs Leben verbraucht, ohne es gemerkt zu haben.

Das Reh

◉ *Ein weiteres beliebtes Krafttier*

Das Reh als Krafttier gilt in unserem Kulturkreis als scheue Botin der Treue und der Verletzlichkeit. In unseren Überlieferungen steht es häufig für das unschuldige junge Mädchen, das sich vor dem Mann ebenso fürchten muss wie das Reh vor dem Jäger und dem Wolf. Seine großen Augen erinnern uns an Kinderaugen. Die grazilen Beine an jugendliche Eleganz, aber auch an Zerbrechlichkeit.

Das Reh ist nicht ganz so zerbrechlich wie es uns scheint. D es weiß allerdings jeder, der einmal im Wald

Qualitäten:	Aufmerksamkeit, seelische Gesundheit, Lebenssinn
Kraftphase:	Frühling, Sommer und Herbst
Botschaft:	Stell dich deinen Ängsten und sie verschwinden
Begleiter in Krisen:	Beendet die Flucht vor sich selbst
Begleiter auf Lebenszeit:	Ein liebevoller Führer durch das Dickicht des Alltags

Das Reh

Auge in Auge mit einem aufgebrachten, bellenden Rehbock gestanden ist. Das Reh kann sich sehr wohl wehren. Es ist allerdings von Natur aus nicht aggressiv und entzieht sich potenziellen Konflikten lieber durch eine schnelle Flucht.

Als Krafttier tauchen Rehe besonders häufig in verfremdeter Gestalt auf. So berichten viele europäische Besucher schamanischer Rituale vom weißen Reh, das sich an ihre Seite stellte. Oft sind sie dann irritiert, weil sie sich durch dieses scheue Tier geschwächt fühlen. Dabei schwächt ein Krafttier nie. Es stärkt den von ihm begleiteten Menschen immer, man muss nur die Botschaft richtig verstehen.

Ein Reh ist ein starker Begleiter, wenn es um die menschliche Seele und ihr Wohlbefinden geht. Wie ein scheues Reh versteckt sich unsere Seele häufig im Dickicht des Alltages. Sie ist scheu und wachsam und entzieht sich der möglichen Gefahr durch Flucht.

Daher ist das Reh als Krafttier fast immer ein Bote der Seele. Es stellt dem Menschen die Frage, in welchen Bereichen er sich auf der Flucht befindet und was ihn im tiefsten Inneren so erschreckt. Mit einem Reh an der Seite sollte man sich der Sinnfrage des eigenen Lebens stellen. Lebt man tatsächlich so, dass man auf dem Sterbebett keinen Tag dieses Lebens als vergeudete Zeit bedauern wird?

Macht man die wichtigen Dinge und lässt sich nicht von den dringenden einschüchtern? Oder hetzt man als Getriebener durch den eigenen Alltag? Das Reh lädt ein, innezuhalten und sich der eigenen Kraft bewusst zu werden. Nur dann hat man die Chance, nicht mehr von den eigenen Glaubenssätzen und Verhaltensmustern gejagt zu werden

Geld *und Karriere*

Geld und Karriere sind für das Reh nur insofern wichtig, weil es in ihnen den Jäger der menschlichen Seele fürchtet. Taucht ein Reh als Krafttier auf, sollte man sich die Frage stellen, ob man sich durch finanzielle Überlegungen oder Karrierestreben möglicherweise selbst schadet.

Beziehungen *und Familie*

In Beziehungsfragen und im Zusammenleben mit Partner und Kindern mahnt das Reh zu mehr Ruhe und Gelassenheit. Es ist nicht so wichtig, ob sich die liebsten Menschen so verhalten, wie man es gerne hätte. Viel wichtiger ist die eigene Reaktion. Und die sollte speziell in Krisenzeiten zunächst durch ein Innehalten gekennzeichnet sein.

Gesundheit *und Körper*

Taucht ein Reh als Krafttier in gesundheitlichem Zusammenhang auf, erinnert es uns an die Zerbrechlichkeit unseres Körpers, aber auch an die natürliche Kraft der Regeneration. Daher ist Krankheit oft auch eine Chance, um in der aufgezwungenen Ruhe neue Kraft zu tanken.

Die Spinne

◎ *Ein weiteres beliebtes Krafttier*

Spinnen sind sehr faszinierende Tiere. Bei genauerer Betrachtung entpuppt sich ihr unscheinbarer Körper oft als Wunderwerk an zerbrechlicher Beweglichkeit und ihre scheinbare Farblosigkeit als nuancenreiche Schattierung.

Unermüdlich bauen sie an ihrem Netz und lassen sich auch durch dessen wiederholte Zerstörung nicht vom einmal erwählten Platz vertreiben. Ist das Netz fertig, lauern sie im Verborgenen auf ihre Beute. Sobald sich diese im Netz verfängt, wird sie blitzschnell geholt, getötet und gefressen. So versorgt sich die Spinne mit allem, was sie braucht von selbst. Vielleicht ist das auch der Grund, warum es im deutschen Aberglauben heißt: „Spinnen bringen Geld ins Haus."

Trotzdem leiden viele Menschen unter einer Spinnenphobie, einer krankhaft übersteigerten Angst vor den kleinen Krabbeltierchen. In der Psychoanalyse ist die Spinne einerseits ein Symbol für die böse, besitzergreifende Mutter, andererseits für die verführerische und berechnende Weiblichkeit.

In der christlichen Symbolik gilt sie aufgrund der Kurzlebigkeit und Instabilität ihres Netzes als Sinnbild für vergebliche Mühen und die Vergänglichkeit des irdischen Daseins. Das sehen allerdings nicht alle Kulturen so. Die Inder sehen im kunstvollen Bau eines Spinnennetzes die Ordnung und Vollkommenheit des Kosmos.

Die Spinne wird dort der schöpferischen Weltenweberin gleichgesetzt.

Taucht eine Spinne als Krafttier auf, irritiert sie vielleicht sogar mehr als die Schlange oder andere Insekten oder Reptilien. Einerseits scheint sie klein und minder, andererseits ekelerregend und von unterschwellig vorhandener Gefahr. Dabei ist eine Spinne ein ganz besonders hilfreiches Krafttier mit einer großen spirituellen Kraft. Sie unterstützt den Menschen dabei, für Rahmenbedingungen zu sorgen, in denen sich die großen Chancen des Lebens wie von selbst einstellen. Spinnen-Energie ist eine vernetzende Energie, durch die Menschen zusammenfinden, die gemeinsame Ziele haben oder sich gegenseitig ideal unterstützen können.

In Krisenzeiten stellt die Spinne aber auch die Frage, ob man andere Menschen stellenweise überfordert. Oder ob man selbst es ist, an den man nicht erfüllbare Ansprüche stellt.

Geld *und Karriere*

Eine Spinne als Krafttier macht speziell im Hinblick auf berufliche und finanzielle Erfolge Mut. Oft muss man nichts weiter tun, als in das Kennenlernen anderer Menschen Zeit und Kraft zu investieren, und die Chancen

ergeben sich wie von selbst. Außerdem verhilft uns Spinnen-Energie zur Fähigkeit, den richtigen Zeitpunkt zu erkennen und beherzt die sich bietende Chance aufzugreifen.

Qualitäten:	Vernetzend und transformierend
Kraftphase:	Das ganze Jahr
Botschaft:	Du bist der Schöpfer deines Universums
Begleiter in Krisen:	Hilft, die richtigen Chancen zu erkennen und zu nutzen
Begleiter auf Lebenszeit:	Ein Beziehungs- und Chancen-netzwerker

Die Spinne

Beziehungen *und Familie*

Mit Spinnen-Energie ist man nie ein-sam. Das kleine, unscheinbare Kraft-tier macht einen zum Mittelpunkt der (eigenen) Welt, man muss dies nur erkennen. Gleichzeitig gibt sie einem ein gutes Gefühl dafür, wer in dieser Welt einen Platz hat und wer schlicht in eine andere Welt gehört und für einen selbst daher nicht von Bedeu-tung ist.

Gesundheit *und Körper*

Spinnen überwintern in einer Kälte-starre, um mit den länger werdenden Tagen im Frühling wieder ans Licht zu krabbeln. In gesundheitlicher Hin-sicht ermahnt uns die Spinne deshalb auch, immer wieder Ruhephasen einzulegen, um dann wieder gezielt an die Erschaffung der eigenen Welt herangehen zu können.

Persönliche *Notizen*

Genehmigte Lizenzausgabe
tosa GmbH
Fränkisch-Crumbach 2011
www.tosa-verlag.de

© 2011 Die Textwerkstatt, Langenlois

Layout, Satz und Umschlaggestaltung:
SAMMÜLLER KREATIV GmbH

ISBN 978-3-86313-105-0

Bildnachweis

Wir waren bemüht, die Inhaber sämtlicher Rechte ausfindig zu machen. Sollten wir unbeabsichtigt bestehende Rechte verletzt haben, bitten wir die Betroffenen, sich mit dem Verlag in Verbindung zu setzen.

Shutterstock: nialat Cover front/Antoni Murcia Cover back/Kristina Divinchuk Cover back, 2/Mag. Martha Spoerck 13/FloridaStock 18–19/Victoria Savostianova 22/Ammit 26/Yellowj 32/Denis Pepin 34/Patsy Michaud 36/D.Iwaszko 40/Anna Kravchuk 42/wiw 43/Jorgo (Ryan, Jorgensen) 44/Stefan Pecher 46/Holly Kuchera 48/Blue Ice 52/Peter Betts 54/Netfalls 55/phanlop88 58/Ron van Elst 61/Caroline Vancoillie 62/Ron Rowan Photography 64/AlexZhernosekphotocom 66/Dennis Donohue 67, 114/Kate Bialasiewicz 68/Graham Taylor 70/JJ Morales 73/Lunatic 67 74/Anat-oli 76/Golden Pixels LLC 84/Krasowit 85/Arie v.d. Wolde 86/Anke van Wyk 88/DavidCharlesPhotography 90/Vydunas 94/Dave Rock 96/Rechitan Sorin 97/Mikael Goransson 100/JaBa 102/Ewan Chesser 103/Karen Kane - Alberta, Canada 104/Gorilla 109/Piotrwzk 110/Four Oaks 112/imagestalk 115/Maria Gioberti 116/Pashin Georgiy 120/Guy J. Sagi 121/David Dohnal 122/Worldswildlifewonders 124/papkin 126

photocase.com © sensalux 20/photocase.com © jogen 24/photocase.com © schiffner 25/© Ray eye 28/© lowwwman | photocase.com 30/photocase.com © teebah 31/© Georg Slickers 37/photocase.com © sajola 38/photocase.com © getwhatyoucan 49/photocase.com © MBCH 50/melanie-demitz | photocase.com 56/photocase.com © carlitos 60/photocase.com © DrWatson 72/Richard Bartz 78/photocase.com © Deichschaf 79/Cordula Finken | photocase.com © aridula 80/photocase.com © tinmachine 82/© yaaaay 91/Thomas Weißenfels | photocase.com © C-PROMO.de 92/photocase.com © jba 98/Matthias Ropel | photocase.com © madochab 118